青少年 科普知识 读本

打开知识的大门，进入这多姿多彩的

U0695762

从北到南

去畅游

金 帛◎编著

河北出版传媒集团

河北科学技术出版社

图书在版编目(CIP)数据

从北到南去畅游 / 金帛编著. --石家庄：河北科
学技术出版社，2013.5(2021.2重印)
ISBN 978-7-5375-5863-1

Ⅰ.①从… Ⅱ.①金… Ⅲ.①世界-概括-青年读物
②世界-概况-少年读物 Ⅳ.①K91-49

中国版本图书馆 CIP 数据核字(2013)第 095494 号

从北到南去畅游
congbei daonan qu changyou
金帛　编著

出版发行	河北出版传媒集团
	河北科学技术出版社
地　　址	石家庄市友谊北大街 330 号(邮编:050061)
印　　刷	北京一鑫印务有限责任公司
经　　销	新华书店
开　　本	710×1000　1/16
印　　张	13
字　　数	160 千字
版　　次	2013 年 6 月第 1 版
	2021 年 2 月第 3 次印刷
定　　价	32.00 元

神奇的地质地貌景观，清澈透亮的高原湖泊，连绵千里的高山白雪，这里的一切都是那么震撼心灵……

丽江古城，大理古城，这些还不够，数不清的古镇有着数不清的故事，古老的遗迹诉说着这里的过往沧桑……

这里聚居着全国最多的少数民族，欢快的歌舞表演、精彩的节日活动、有趣的民风民俗，带给你最特别的旅游体验……

《从北到南去畅游》追求有个性、有特色的旅行，改变走马观花式的传统旅游方式，追求历史文化民俗的深度感悟、风景的独特体验，倡导"大风景"概念，提倡在一个地方要做几件事。除了传统景点之外，更推崇在当地探索不为人熟知的特色风景。本书以区域划分的模式编写，方便青少年读者查阅。

这里，有中国最神奇的风景！最经典的线路推荐，从北到南畅游不用愁！最新的景点，给你别人看不到的风景！最节省的旅行，给你最真实的体验！最潮的玩法，惊喜连连，欢乐不断！

翻开此书，我们曾经在网络上、电视里看到那些美丽的风景，现在让你与它们近距离地接触，融进美丽的大自然中！从北到南，一路走来，定能带给你全新的体验，使你的旅行充满趣味，更加丰富多彩。

Foreword

前言

第一章　北方地区

目录

目录

第二章　西北地区

目录

第三章　青藏地区

第四章　南方地区

目录

Contents

目 录

第一章

北方地区

太阳岛

太阳岛风景名胜区是国家级风景名胜区，位于黑龙江省哈尔滨市松花江北岸。风景区分东、中、西三区，东西长约10千米，南北宽约4千米，总面积88平方千米，规划面积38平方千米，保护区面积50平方千米，并以湿地风光、欧陆风情、冰雪艺术、北方民俗为特色，是集休闲、观光、娱乐、科普教育、度假等功能于一体的风景名胜区和目前国内罕见的城市中心江漫滩湿地。

太阳岛风景区是以广阔的草原和平缓坡地上的灌木林带及河流纵横、水量充沛的水域为主要资源的江漫滩湿地草原型风景名胜区，江天万顷，白沙碧水，草木茂盛。四季的季象变化十分明显，春季山花烂漫，夏季绿柳如烟，秋季金叶复径，冬季玉树银花。太阳岛上还散布着由20世纪20年代外国侨民避暑度假时留下的欧式建筑，精致典雅，掩映在树木、花丛之间。

太阳岛上最主要的景区是太阳岛公园，"水阁云天"的主景面积1515平方米，采用现代园林造景手法，建成长廊、连廊、方阁三个部分，并有相互贯通的5个湖。改造后的太阳岛风景名胜区的景观大道两侧由1400株柳树和20余万株水腊与偃伏莱木构成了占地60 000平方米的绿化带，12个情韵各异、美轮美奂的园林小品巧妙地融入其中。长7.5米，厚2米，高4.3米，重150吨的天然奇石——太阳石，巍然耸立在太阳岛上；高6米，占地60平方米的大型立体花坛金座龙；占地28平方千米的花卉园是东三省最具规模的花卉基地，共栽植39个品种，12种色调的20余万株花卉；占地5000平方米的冰雪艺术馆，内有冰景100余件；面积10 000平方米的荷花湖，菡萏初绽。

太阳湖面积58 000平方米，红头鹅、灰雁、野鸭等数百只野生禽鸟在湖中畅游、嬉戏。太阳山占地3000平方米，高30米，凭栏远眺，山下景色尽收眼底，山光湖色，相互辉映，浑然一体。避雨长廊面积320平方米，建筑以白色为基调，欧式风格中透着庄严、淡雅之气；鹿苑（儿童乐园）占地面积 12 369 平方米，设施都是纯木质结构，古色古香，半散养着已经驯化的鹿，充满了人与自然和谐相处的乐趣。丁香园占地 12 平方千米，栽有 12 个品种的上千株丁香。另外还有生态特色鲜明的湿地植物观赏（原野风光区）、红柳林、白桦林、松林、野果（疏林草地）、樟松人工林、丁香山、塔头沼泽地和环岛水系所构成的自然生态观赏区。

新潟友谊园占地面积 42 平方千米，以日式庭院风格为基调，主要借助自然景物造园。园内景观有日式建筑的中日友好纪念馆，馆内展厅、水屋、茶室、和室、地铺榻榻米都极具日本风格。另有仿日本白山公园的木质异形桥——曲桥、日本海的缩影——葫芦池，池中有石龟浮卧，草坪中矗立着友好纪念碑，还有新潟市的象征——万代桥，人工溪流贯穿全园；假山小亭、园林小品、洗手钵、井户、石灯点缀其中。具有清新优雅的格调、浓郁的异国人文风情。

太阳岛不仅是夏季旅游避暑的胜地，更是冬季冰雪旅游的乐园。每年在冰封雪飘的隆冬时节，这里银装素裹，玉树琼枝，冰雪游乐活动有：打雪橇、抽冰尜、乘冰帆、堆雪人、坐马拉爬犁等十分丰富。太阳岛国际雪雕艺术博览会是目前国内开发最早、规模最大的以雪为主题的博览会，已举办 25 届，国际雪雕比赛也曾在这里举办过。一座座造型各异的雪塑制品，给岛上的冬季增添了无限生机。

丰富的自然植被，众多的野生动物，广袤的自然湿地，怡人的清新空气，异域风情的文化景观正构成太阳岛独具魅力的生态、自然和文化特色。

沿江风景线 南侧沿江长堤上悬挑式的花池、草地、垂柳、云杉、榆树墙，形成不同层次的绿带；堤下西侧有赵朴初手书的"太阳岛"志石；在风景线的东端有一座百米长的锦江长廊；西端有金河水榭，结构新颖，厅内四幅大型陶瓷壁画，别开生面，独具特色。

太阳岛公园 夏季树木葱茏，百花盛开，草地开阔，并有"立阁云天"

"清泉飞瀑""荷香鱼跃""太阳山""太阳湖""亭桥映柳"等美丽的景色。

新潟友谊园 典型的日本式庭园，为纪念中国哈尔滨和日本新潟两市缔结友好城市 10 周年而建，总面积 37 平方千米，以主景建筑纪念馆为中心，溪流水景横贯全园，源泉自山顶涌出，蜿蜒而下注入葫芦池；中部山丘以自然石刻中日友好纪念碑；园门、山亭、曲桥、万代桥、活动卵石路、洗手钵、井户、石灯等设施都充分表现了质朴自然的日本园林风格；园内树木葱茏，突出了日本园林种植特点，再现了日本庭院春花烂漫，夏日淡雅，红叶迎秋，松柏常青，碧草如茵的园林景观。

雪雕 每年冬季在太阳岛风景区举办的雪雕游园会，凭借空气清新、污染少、雪质白的优势，已经成为哈尔滨雪节的重要活动内容之一。雪雕游园会的成功举办，改变了北方风景区"冬闲"的局面，丰富了冬季旅游活动项目。

建筑风格 太阳岛风景区别墅建筑独具特色，多以俄罗斯建筑为基调，有许多巴洛克式、哥特式建筑，大多数为 20 世纪二三十年代德国和白俄侨民所建。1989 年落成的新潟友谊园内的建筑，是典型的日本传统建筑。这些风格各异的建筑物为太阳岛增添了迷人的色彩，也体现了哈尔滨的城市特色。

松花湖

　　松花湖风景名胜区是国家重点风景名胜区，位于吉林省吉林市，分为 10 个景区，面积约 700 平方千米。

　　松花湖风景名胜区以松花湖为主体，湖区内水面辽阔，植被繁茂，气候宜人。冬季沿江 54 米长堤上的冰雪树挂景观，为国内罕见，是本风景区的一大特色。区内冰雪资源独具优势，青山雪场景区是我国高山滑雪运动基地。松花湖内有 48 种鱼类和其他水族生物，茫茫林海栖息生长着约 140 种野生动物和 160 种野生经济植物。还有西团山文化、原始公社遗址等历史古迹。

　　江城树挂　　树挂又名雾凇，是指冬天树木上凝结的霜花。这本来是北方地区冬天常见的景色，但吉林市沿着松花江岸上的树挂却格外诱人。树挂是吉林市冬季冰雪旅游资源的精华和特色。

　　在"千里冰封，万里雪飘"的隆冬季节，松花江畔 54 米长堤上苍松垂柳披霜挂雪，琼花怒放晶莹夺目，真好比"千树万树梨花开"。耀眼的冰花如粉蝶飞落、飞絮旋舞，有的如蒲草的蒲棒，有的如傲雪的腊梅，在细长柳条上的霜花，又像一条条银链。最美的要算结在松针上的霜花，那一簇簇银白色的针形叶子，又细又长，略微弯曲，宛如一朵朵怒放的银菊。在蜿蜒如带的碧绿江水衬托下，又好似水晶之宫、琉璃世界。难怪有人把吉林雾凇与桂林山水、长江三峡、云南石林一起誉为我国四大自然奇景。

　　吉林市雾凇多属于晶状雾凇，具有出现次数多、持续时间长、厚度大等特

点。一般从傍晚开始出现，待到翌日午后才逐渐脱落，其厚度可达 40～50 毫米。其原因是吉林一带的松花江隆冬时不封冻，有大量的水蒸气所致。这段松花江之所以不冻，是因为其上游不远有松花湖，从丰满水电站排出的水水温较高。

龙潭　高句丽城西北角有龙潭，山也因此得名。潭池四周以石砌筑，长 50 余米，宽 20 余米，寒潭澄碧。估计，此潭应是古城中的贮水池。古城西南角的南天门下有人工砌筑的圆形石洞，直径约 10 米，深 3 米，可能是当年储存物资的地窖。

松花湖　在吉林市东南 24 千米的松花江上游，是丰满水电站截流大坝拦截江水形成的人工湖。

松花湖是山谷水库。水面沿原自然河道峡谷曲折延伸，湖面最长处 200 千米，最宽处 10 余千米，水域面积 550 多平方千米，最深处可达 75 米，蓄水量 108 亿立方米。

丰满水电站拦河坝高 91 米，长 1000 多米，建于 1937 年，1943 年第一台机组发电。新中国成立后进行了大力修复和改建，使电站焕发了青春活力，发电能力为 50 余万千瓦，是新中国成立初期我国最大的水电站。

松花湖湖平如镜，湖水清澈，从丰满水电站乘船北上，两岸奇峰连云，湖上白帆点点，岚影波光。自大坝乘船航行 25 千米，有湖心岛，称五虎岛。岛上林木葱茏，筑有供游人休憩和就餐的馆所，并辟有游泳、钓鱼和划船等地。

骆驼峰、北天门、五虎山、卧龙潭、石龙壁等景区湖光山色秀美壮丽，适合开展水上、冰上、山上多种游览观光、休憩活动。

松花湖滑雪场　著名的城区滑雪场。雪场面积为 35 万平方米，两条 3000 米长、50 米宽的高山雪道和一条 5 千米长的越野雪道顺山形蜿蜒而下。环载人行索道，只需 18 分钟就可把游客从山脚送到海拔 1000 米的山顶。

长白山

　　有历史记载以来，长白山第一个名称叫做不咸山。据东周末期地理史书《山海经·大荒北经》记载："东北海之外，……大荒之中有山，名曰不咸，有肃慎氏之国。"可见，早在距今2000多年以前，不咸山就已经闻名遐迩了。《晋书·四夷传》中称："肃慎氏，一名挹娄。在不咸山北。"《通典》中有："挹娄即古肃慎，其国在不咸山北。"

　　"不咸"二字的缘由何在却至今难解，众说纷纭。有人认为，"不咸"出自蒙古族先世东胡语"不尔干"的转音，"不尔干即为神巫，尊长白山为有神之山"。也有人认为，蒙古乃出自东胡系，东胡之称人为山戎，与长白山中隔东夷的貊，史书记不咸山时往往与东夷的肃慎并提，不咸山的名称应与肃慎族的语言或东夷语有关。"不咸"可能是满语叫白罗聂·显乾的音译省略，意

为"长白"。

汉、魏时期，长白山又有"盖马大山"之称。南北朝时，长白山又有"徒太山"之称。唐朝称长白山为太白山。满语称长白山为果勒敏（长）珊延（白）阿林（山）。山名源于长白山的独特风貌。清光绪三十四年（1908年），奉吉勘界副委员刘建封在对长白山进行了实地勘查后，著成《长白山江冈志略》一书，其中描写长白山"崔巍磅礴，蜿蜒于亚细腻亚东北隅，为一绝大名山。……山上冬夏积雪，四时望之色白异常，故曰长白。"在《抚松县志》中有七言绝句一首，谓之《白山积雪》："惟有白山极壮观，层峦高耸日光寒。"

王池位于长白山西南坡距离天池12.5千米的地方，是长白山"七十二龙潭"之一，池水清澈见底，远望宛如一轮皎月，镶嵌在林海之中，素有"王池笑月"之美誉。

长白山天池(Changbai mountain pool in the sky)是一座休眠火山，火山口积水成湖，夏融池水比天还要蓝；冬冻冰面雪一样的白，被16座山峰环绕，仅在天豁峰和龙门峰间有一狭道池水溢出，飞泻成长白瀑布，是松花江的正源。

长白山形成于1200万年前地质造山运动，经过多次喷发而拓成了巨型的伞面体，当火山休眠时涌泉溢出，形成十余平方千米的浩瀚水面。天池海拔2189.1米，略呈椭圆形形南北长4.4千米，东西宽3.37千米。集水面积21.4平方千米水面面积9.82平方千米，水面周长13.1千米，平均水深204米，最深处达373米。总蓄水量20.4亿立方米。天池水温为0.7℃-11℃，年平均气温7.3℃。天池像一块瑰丽的碧玉镶嵌在雄伟的长白山群峰之中，是中国最大的火山湖，也是世界上最深的高山湖泊。现为中朝两国的界湖。

长白山天池乃三江之源头，水流湍急，水流坡降大，形成了许多千姿百态的瀑布，真可谓玉练天成。这些瀑布有的从断崖上蓦然跌落，如江河倒悬，声势恢宏；有的从石壁上凌然直下，如白绫脱轴，飘曳腾挪。三江源头有十余处较著名的瀑布，主要有：梯子瀑布、地下瀑布、天池瀑布、锦江瀑布、玉栏瀑布等，它们水源丰富，落差较大，景色甚为壮观。

鞍山千山

鞍山千山风景名胜区是国家重点风景名胜区，位于鞍山市区以东 20 千米处，占地约 300 平方千米，交通便捷，自古就被推为辽东名胜之首。千山原名千华山，共有 999 座山峰，因此千山又有积翠山和千朵莲花山这两个美丽的名字。

隋唐以来，千山就是佛、道两教云集之地。从唐代开始兴建的祖越寺、龙泉寺、大安寺、香岩寺和中会寺被称为千山五大禅林。千山寺庙建筑具有"凭山建庙，山庙一体，山中有寺，寺外环山"的特色，享有"无峰不奇，无石不峭，无寺不古"的美誉。

千山风景名胜区依山势走向分北部、中部、南部和西南部四个景区。其中北部风景区交通方便，景点繁多，著名的有无量观、龙泉寺、祖越寺等，是千山风景区的游览中心。南部景区最重要的景点是仙人台，还有以雄旷著称的大安寺、两崖夹护的香岩寺等寺庙。中部景区有五龙宫、慈祥观、中会寺等道观名刹。

无量观　在千山北沟，始建于清代康熙六年（1667 年），为千山道观之首。无量观主要建筑有观音殿、老君殿、三官殿等，殿阁庭院均错落有致地依山势而筑，与山石、松柏融为一体。

无量观周围有几十个景点，被称为千山一绝的"夹扁石"是被几块花岗岩石所夹的一条狭窄通道，长 4 米、高 3 米，宽不足半米，只容一人侧身而过。

凡到千山一游的人，总要经此巨石一"夹"方可通过。过了"夹扁石"，迎面一块巨岩，岩上系有一铁环，环下凿有一蹬印，游人必须手抓铁环、脚踩蹬印，纵身一跃方可攀上，此即为"一步登天"。继续北上，就可到达"天上天"，这是由几块巨大而浑圆的巨石构成的峰顶。

龙泉寺 在千山北沟，是千山五大禅林中最大的一座佛寺。因寺内有山泉而得名。背倚峭壁，前临幽谷。始建于明代，现尚存明代所建的金刚殿等。寺周围有"松门塔影"等久负盛名的十六景。

祖越寺 在千山北沟，是千山五大禅林中最早修筑的寺庙，明代已享有盛名。现寺背摩崖上尚存明代石刻。

仙人台 在千山北沟，是千山第一高峰，海拔708米。仙人台顶有一石如鹅头状向北伸出，下面为一平台，三面为悬崖陡壁，似凌空拔起，仅北面有一狭窄山脊与主峰相连。登台可一览钢都雄姿和千山美景。这里也是观日出的好地方。

五佛顶 从龙泉寺西行登山3千米，可攀登千山第二高峰五佛顶。五佛顶海拔554米，峰顶有五尊石佛。

五龙宫 由5米高的围墙环绕，远远望去如同一座孤城，别具一种风格。周围有五座山峰三面包围，形如五龙戏珠，风景优美。宫前月牙井水味甘甜，俗称"五龙水"。

汤岗子温泉 在鞍山市南15千米处的沈大铁路汤岗子站旁，是东北著名的温泉，共有18泉，适宜于水疗。

大连海滨

　　大连海滨—旅顺口风景名胜区是国家重点风景名胜区，位于辽宁省大连市，包括大连海滨与旅顺口两个景区，由海滨 45 千米公路连成一体，陆域岛屿面积 105 平方千米。

　　大连市位于辽东半岛最南端，东濒黄海，西临渤海，南与山东半岛隔海相望。大连海滨景区海岸线长达 30 余千米，水面浩瀚，碧海蓝天，岛屿、礁石婷立海面，气象万千。以水清沙软的海滨浴场和美丽的青山、峭壁、峡谷、岛屿为特色。沿海海水浴场、公园、宾馆、疗养院等星罗棋布，碧海蓝天相映，各色建筑与风景名胜相交织，显得别有风情。有老虎滩公园、星海公园、傅家庄、棒槌岛等旅游点。

　　星海公园　在市区西南，园内松柏常青，迎春花、樱花、月季花花坛似锦，棋乐亭、望海亭、迎潮亭、海燕亭亭亭相接。海水浴场近千米，以沙细、滩平、水清、浪缓著称，是北方著名海滨浴场。公园中有"日""月""星"三块巨石，星石还有神奇的传说。东南部小山，是望海观潮的好地方。山上有探海洞，可直接下到海边。有名的景点"黑石礁"就在这儿，海面上星罗棋布的礁石，如同"海上石林"，极为罕见。

　　老虎滩　在市区东南，依山傍海，园内峰峦起伏，雪松参天，花坛遍地，座座凉亭散落在万绿丛中，玉立在蜿蜒起伏的海边。"老虎洞"洞口有石雕雄虎，洞中可闻怒吼的海涛声。海水浴场水清见底，游鱼可数，既可游泳，还可

捕捞贝类。青山、松林、大海、碧波、黑礁、雕塑、别墅、红亭，构成独特迷人的海滨风光。

棒槌岛 距海岸1千米的海上小岛，形如一支棒槌镶嵌在碧绿的锦缎上。海滨300多米长的沙滩如同一条玉带。在棒槌岛海滨，可乘游船到附近海上或沿海岸石岸边畅游，可欣赏海岸千姿百态的悬崖峭壁和烟波浩渺的大海。

傅家庄 在市区南部。这里山、海、岛、礁俱全，环境优美，南临大海，水拍峭崖，甚为壮观。沿海是良好的天然浴场，弯弓形海滩长约500米。庄东有一月牙形海湾，隐现于密林之中。现有黄海明珠、彩虹浮水、浴场之夏、蚌池鹤影、东湖之春、金沙景观、冷水茶社、空中索道8大景点。20世纪50年代国家在此建立了疗养机构。现已形成一个占地44万平方米、设备完善的疗养胜地。

白云山 在市区南部，面积7.5平方千米，有30多个山头，14个景点。白云山莲花状地貌地质构造世所罕见。山顶和幽谷间建有亭阁、回廊、别墅等。山间峡谷地带拦溪蓄水成潭，潭内植莲。山林树木以黑松为主，还有枫树、银杏、水杉等，可进行"森林浴"。

旅顺口地形雄险壮阔，旅顺口湾湾口两山对峙，宽仅200米，湾内风平浪静，湾后山峦环抱，是理想的军港和军事要塞。旅顺口是我国历史上的海上门户，留有众多古迹，景区内有重点文物保护单位47处，著名的有万忠墓、中苏友谊纪念塔，还有日俄战争以及日本侵华战争的各种工事、堡垒等战争遗迹多处，是进行爱国主义教育的课堂。旅顺口外礁岛棋布，口内峰峦叠翠，自然风光绮丽多彩。

万忠墓 在旅顺口白玉山，中日甲午战争中，日军侵入旅顺口后，进行了三天三夜的大屠杀，两万多同胞被杀害，安葬于此。

中苏友谊纪念塔 在旅顺口，建于1955年，肃穆庄严，为全国重点文物保护单位。

蛇岛 在旅顺口西北25海里的大海中，又名小龙山岛，岛上蛇类众多，尤以蝮蛇最多。现已局部向国内外游客开放，允许乘船登岛观光旅游。

老铁山 在旅顺口西南，海拔460米，是辽东半岛的最南端，也是黄海与渤海的分界点。山上林木葱茏，景色秀美。每年大批候鸟迁徙时，在此歇脚，再南飞越冬，故这一带被称为鸟的"客栈"。

凤凰山

　　凤凰山风景名胜区是国家重点风景名胜区，位于辽宁省凤城市，面积121平方千米，是集雄、险、幽、奇、秀于一山，观光游乐、文化交流、度假休养为一体的山岳型风景名胜区。

　　凤凰山与朝鲜妙香山隔江对应，古为辽东第一名山，秦代万里长城即从附近经过，故现在又被称为"万里长城第一名山"。

　　凤凰山在凤城市东南2.5千米，属千山山脉的余脉。主峰攒云峰海拔836.4米。凤凰山景点集中，奥妙天成，景随时变，四季可赏，秀里蕴幽，险夷结合，趣味无穷。凤凰山山势周环绵亘，呈圈椅状，南面有一缺口。景物以山峦奇石取胜，远远望去只见异石拔地而起，进山则峰回路转，清幽佳绝，故有"自然盆景"的美誉。前人形容它"峭壁插天，攒峰竦剑""如立如行，若翔若舞，或欹侧而相倚，或俯仰而相抗，千态万状，愈幻愈奇"。

　　箭眼峰是凤凰山的最高峰，是巨石对峙形成的圆形隙洞，远处望去，如箭穿孔，因而得名。附近有"老牛背""百步紧""天下绝"和"老虎口"等景点。

　　朝阳洞在东山上，洞中有一水池，池不大，但池水甚深，清澈见底。沿着朝阳洞可上到东山山顶。

　　凤凰山古迹众多，古刹林立，与自然景观相映生辉，名胜古迹有较高的历

史价值。南北朝时凤凰山筑有乌骨城，隋唐时建熊山城，城垒尚存。辽代建三阳城。山上现存古建筑以宫观庙宇为主，其中紫阳观、斗母宫、观音阁、碧霞宫和药王庙较为著名。紫阳观为进山第一座庙宇，也是凤凰山主要庙宇，始建于明代弘治初年（1488 年），原为佛教寺院，后改寺建观，现存建筑群由正殿三官殿和东西配殿、钟鼓楼、山门、院墙组成。三官殿内供奉天、地、水三官，殿下有 4 棵年逾 500 的古松。斗母宫俗称"八只手"，始建于明代，清代康熙、嘉庆年间和近年多次重修，宫内供奉"圆明道母天尊"塑像。观音阁建在紫阳观西南的百米高崖上，始建于明代万历年间，后多次增建重修。药王庙建于斗母宫右侧石崖下，内奉药王孙思邈像，清代乾隆、嘉庆以来多次重建。碧霞宫又称娘娘庙，建于观音洞与斗母宫之间，始建于清代道光四年（1824 年），供奉天德、天贞、天圣母等。

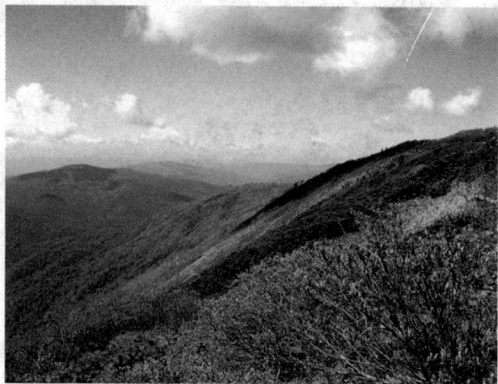

凤凰山还保存有明清石碑及摩崖题字多处，现存石刻 40 余处。最早的是明代中叶龚用卿在古城点将台上题刻的"攒石岩"三个大字，其他均为清代、民国时所刻。刻石字迹多苍劲有力，飘逸潇洒，颇具功底，很有神韵。

凤凰山山会远近闻名，会期为每年农历四月二十六日至二十八日。山会期间演出满族歌舞和各类民间文艺活动。

凤凰山遍山多树，尤其是松树、柞树和玉兰极多。到处可见数丈高的古松，亭亭如盖。这里多有放养柞树蚕的。山的高处玉兰很多，花开时节，馨香袭人。

在凤凰山和高丽山之间，有凤凰山高句丽古城——乌骨城。乌骨城规模很大，周长约 15 千米，城垣是利用两边山崖天然石壁加以补砌而成的，城内有高句丽墓群和多处建筑遗址。

万里长城

中国的万里长城在世界上是鼎鼎有名的。它是中原汉族统治阶级抵御北方游牧民族的巨大屏障。只要北方的游牧民族攻破了这道强大的关口，越过长城，那么中原、包括长江以南的江山就难保不被吞并。所以，长城从战国时期一直修到明朝，说到修建的时间之长、工程之巨，世界上几乎没有任何建筑能与之相比。

长城的用途主要是防御北方游牧民族的侵扰。因为当时游牧民族没有固定的居处，相对中原王朝来说还处于生产力相当低下的阶段，有的部族经常劫掠外族，侵犯内地，对中原的农业生产和社会安定造成很大威胁。在古代作战主要靠骑兵和步兵的条件下，高大的城墙便成为安全的屏障，有军队把守就更难逾越。长城的修建，还有利于开发屯田、保护屯田，促进边远地区生产的发展，保障通讯和商旅往还的安全；方便了文书的传递、使节和商旅来往。

早在战国时候，七雄之一的北方强国燕国修建了易水长城，位置在燕国南部边界，大致相当于今河北易县西南，向东到文安县，长约 250 千米。修这道长城的起因是燕国受到北面相邻的东胡山戎的威胁。燕国曾把一位著名的将军秦开作为人质送给东胡，以求一时安定。东胡人对秦开很信任。后来秦开回燕国，发兵大攻东胡，把东胡赶出 500 千米以外。此后燕国便筑起北界长城以防东胡的骚扰。当时也有其他国家修筑长城，后来秦始皇修万里长城时，就把一

段段六国长城连接了起来，这才有了"万里长城"的名称。

这条秦长城，在今天的长城以北很远的地方。据史料记载，秦统一六国后，秦始皇派蒙恬将军带 30 万人，北伐匈奴。蒙恬斥逐匈奴后，沿黄河、阴山设立亭障要塞，北面和东面连赵、燕的旧长城，西面利用秦昭王的旧长城，连接起来，西起临洮（今甘肃省南部洮河边），东到辽东，绵延万余里。

秦始皇修万里长城，对于防止匈奴的骚扰，保障北部十二郡的开发，保护中原地区经济文化的发展，是有积极意义的，但是使用民力太多。当时全国人口约 2000 万，男劳力仅 500 万左右，仅是修始皇陵、阿房宫就占 150 万人，筑长城约 50 万，加其他杂役共 300 万人，占全国男劳力的一半以上，人民活不下去，就起来造反。于是秦朝成了中国历史上最短命的朝代之一。

秦始皇修长城时，民间就流传着一首《长城歌》："生男慎勿举，生女哺用脯。不见长城下，尸骸相支拄？"歌词意思是说：生了男孩千万不要养活，生了女儿就好好地用肉干喂养她。因为男孩长大就要被抓去修长城，再也不会回来。你没看见那长城脚下的尸骨都堆积成山了吗？这首诗反映了秦始皇修长城给劳动人民所带来的深重灾难。

长城本没有什么错，但统治者通过修筑长城给老百姓带来的痛苦是不应原谅的。孟姜女哭长城的故事至今在民间广为流传，山海关上还建有姜女庙。据修庙的主事人张栋在他的《贞女祠记》中说："孟姜女姓许，陕西同官人。丈夫范杞梁被秦始皇抓到北方修长城，姜女做寒衣万里寻夫，迢迢远道找到长城脚下时，丈夫已死，埋在长城之内了。她痛哭了几天，终于哭倒了长城。"孟姜女哭长城的故事，最早是从杞梁妻的故事演变过来的。相传春秋时齐大夫杞梁战死，他的妻子放声大哭，说："上则无父，中则无夫，下则无子，人生之苦至矣！"杞城终于被她滂沱的泪水冲倒。唐朝僧人贯休写了一首《杞梁妻》，把她和秦始皇筑长城的事联系了起来。诗里说："秦之无道兮四海苦，筑长城兮遮北胡。筑人筑土一万里，祀梁贞妇啼呜呜。上无父兮中无夫，下无子兮孤复孤。一号城崩塞色苦，再号祀梁骨出土……"从此孟姜女寻夫哭长城的故事就传开了。从这些诗歌和传说中可以看出，长城这一伟大的建筑，确是我国古代劳动人民用他们的尸骨和土石建造起来的。

我们目前所见到的完整的长城是明朝修筑的，而秦长城则废弃在风沙肆虐的荒野，所以，对大多数普通人来说，秦长城，或者说早期的长城是什么样子，就成了一个未知之谜。从现在临洮北边秦长城遗址可以看出，最下一层是生土，生土上有一层压得非常坚实的黄土，黄土上筑起有夯土层的城墙，夯土层的材料是黄色黏土夹碎石。2000 多年前的人们就是用这样简陋的夯筑办法创造了人类建筑史上的奇迹。

汉代因北方匈奴经常入侵，从汉文帝汉景帝开始，就继续修缮秦长城。汉武帝时，国力强盛，公元前 121 年霍去病将军击破匈奴，匈奴昆邪王率 4 万人来降，武帝以河西地置武威、酒泉两郡，开始筑外长城（即河西长城），前后不到 10 年，便建成了 1000 多千米的河西长城，与秦长城相加，从敦煌到辽东长逾 5750 千米。汉武帝还改进了长城的布局，在相隔一定距离时，选择险要地形，修筑列城、城障，用烽火相连。武帝以后，昭帝、宣帝继续筑城，发民屯垦。最后修成一条全长近 10 000千米、城堡相连、烽火相望的长城防线。在修筑长城的同时，汉朝大力推行屯田的政策，把人民迁移到长城地带，开垦荒地，兴修水利，使西部边疆得到迅速开发，这才有了以后丝绸之路的繁荣。

从南北朝到元代，中间有很多王朝都修过长城，但规模都不如秦汉时代。而明朝 200 多年中，差不多一直没有停止过长城的修筑和长城防务的巩固。朱元璋从开国建国号的第一年（1368 年），就派大将军徐达修筑北京北面居庸关等处的长城。洪武十四年（1381 年）又修筑山海关等处长城。此后共计大规模修长城达 18 次之多，到弘治十三年（1500 年）基本完工，全长逾 6350 千米，东起鸭绿江，西达嘉峪关。

明长城的特点：在重要的关隘地方，特别是在居庸关、山海关、雁门关一带修筑了好几重城墙，多的达到二十几重。并在长城南北设了许多城堡、烽火台，用来瞭望敌情，传递警报。长城对明朝的意义在哪里呢？明朝建立以后，原来的统治者元蒙贵族逃回蒙古，不断南下骚扰掠夺，东北又有女真族兴起，所以明王朝十分重视北方防务。朱元璋在即将打下江山的时候，采纳了朱升

"高筑墙、广积粮、缓称王"的建议，对修筑各地城墙很下工夫。全国务州府县的城墙都用砖包砌，修得十分牢固，长城的工程当然就更为浩大。

长城的建筑主要是利用地形，就地取材，有山的地方，尽量利用陡险的山脊，外侧峭直，内侧平缓。并开山取石，凿成整齐的条石，内填灰土和石灰，非常坚实。黄土地带主要用土夯筑。沙漠地带用芦苇和红柳枝条层层铺沙粒小石子，例如玉门关一带的汉长城就是如此，保存下来的城墙，沙粒石子已经压实，不易破坏，有些沙石与苇枝黏结在一起，相当坚固。望楼的阶梯则用几十层纤维粘叠而成。明朝的长城在重要地段用砖石垒砌，就地开窑厂烧砖瓦，采石烧石灰。

许多人虽然到过明长城，名正言顺地成了"好汉"，但他们未必了解明长城的建筑结构。明长城的建筑与军事防御体系是相配合的。例如明代在长城沿线设有军事管理区，叫做镇，由总兵和镇守指挥本镇所辖长城沿线的兵马。有的镇下面还设"路"，驻守在重要的关城地点，路的头目叫"守备"。如山海关路，守备驻守在山海关城里，管附近十几处关隘。关隘即关塞和隘口，是长城线上的重要据点，一般都在险阻的地方。两山之间的狭窄通道称为隘口，在隘口筑城设险堵塞通道，就称为关塞。重要关口由守备把守，次要关口设千总把守。沿长城还有城、堡、障等防御建筑。"城"是与长城紧密相连的防御性城，它不同于州城和县城，面积不大，相距几十千米不等。"障"是比城更小的小城，主要用于驻兵，也可有居民。"堡"是驻防的守兵住所，设"百总"或"把总"看守，守兵数目由几十人到上百人不等。有些堡内有烽火台。长城两边还有烽火台（又称烟墩或墩台），有的紧靠长城两侧，也有在长城以外向远处伸展的。台上有少数守兵，白天燃烟，夜间放火。烽火台是一个独立的高台子，台子上有守望房屋和燃烟放火的设备，台下有士兵住的房子和羊马圈、仓房等建筑，大约5千米一个烽火台。汉朝的烽火台在台上竖一个高架子，上面挂个笼子，里边装干柴枯草，夜间放火，叫做"烽"。台上堆着许多燃烟的柴草，白天点烟，叫做"燧"。唐代则在台上安火炬，各离25步，每台四个土筒，各高一丈五尺，点烟火时，一个炉筒一人开闭，称一炬，根据敌兵多少决定放几炬，不满千人放两炬，三千以上放三炬，一万以上放四炬。明朝又有改进，除了放烽烟以外，还加上硫黄、硝石来助燃。

长城的城墙随地形决定高低，地势陡则矮一些，地势缓就高一些。墙身内侧隔不多远就有一个圆形拱门，门里有砖石梯通到城墙顶，供守城士兵上下。墙顶外侧砌成垛口，古代叫雉堞，上有望口和射眼。城墙上每隔一定距离还有一个突出墙外的台子，叫做墙台。墙台是平时守城士卒放哨的地方，里边可住守城士卒，储存武器。这种墙台是明代名将戚继光发明的。

　　这么巨大的工程需要耗费天文数字的人力物力，的确不是一个朝代就能完成的。在遥远的古代，生产和安全条件如此艰苦，那些修长城的劳力不知运用什么技术手段完成了这一世界奇迹建筑。我们通过史料得知，修长城的劳力主要是戍防军队，其次是强征的民夫，第三是发配充军的犯人。秦汉时有一种刑罚叫"城旦"，就是罚去修长城，犯人白天看守巡逻，夜里修筑长城，十分辛苦，这种刑罚一般为期4年。明代修长城时没有施工和运输的机械，主要靠人力搬运，大条石一块就有1000千克以上，大城砖一块也有十几千克，内含沙石子，非常坚硬，石刻不动。搬运方法主要是排成长队传递，也采用了手推小车、滚木、撬棍、绞盘等简单的工具。有时还利用畜力替代人力，传说八达岭在修建过程中，曾让毛驴驮着装满石灰的筐，在山羊角上系了城砖"挑"上山去，代替人力运输。但大量的工作还是靠人力完成的。说长城凝聚了中华民族千年的智慧和血泪，是一点也不为过的。

颐和园

　　颐和园原名清漪园，始建于清乾隆帝执政十五年（1750 年），历时 15 年竣工，是清代北京著名的"三山五园"（香山静宜园、玉泉山静明园、万寿山清漪园、圆明园、畅春园）中最后建成的一座。咸丰十年（1860 年）被英、法侵略军焚毁。光绪十二年（1886 年）开始重建，光绪十四年，改名颐和园。光绪二十一年工程结束。到 1900 年，颐和园又遭"八国联军"的破坏，烧毁了许多建筑物。1903 年修复。

　　颐和园是当时"垂帘听政"的慈禧太后长期居住的离宫，兼有宫和苑的双重功能。因此，在进园的正门内建置一个宫廷区作为接见臣僚、处理朝政的地方。宫廷区由殿堂、朝房、值房等组成多进院落的建筑群，占地不大，相对独立于其后的面积广阔的苑林区，二者既分隔又有联系。

　　慈禧很是喜欢颐和园的"江南景色"，她每天要从寝宫乐寿堂出来到湖边散步，起初在路上还看一看左边的水、右边的山。一天，慈禧心想：如果在湖边建造点儿什么，让我走一步就看一个景色该多好。那建造点儿什么呢？当一行人走到万寿山下的南坡时，天突然下起了雨，太监李莲英慌忙上前撑起雨伞并顺势观察了一下慈禧的脸色。没想到，此时慈禧的脸竟由阴转晴了，李莲英正在纳闷，慈禧说话了："雨伞真好，不仅可以遮风挡雨，还让我看到了另外一番景致。"众人不解。回到寝宫后，慈禧立即召见了工匠，将自己的想法告诉了他。不久，在万寿山的南坡与昆明湖之间出现了一条长长的走廊，这就是由慈禧授意修建的既能遮风挡雨，又可以一步一景地欣赏风景的颐和园长廊。

从北到南去畅游

故 宫

　　故宫，又称紫禁城，是中国明清两代的皇宫。故宫是世界上现存规模最大最完整的古代木结构建筑群。它始建于明永乐四年（1406 年），历时 14 年才完工，共有 24 位皇帝先后在此登基。

　　故宫为何又称作"紫禁城"呢？这与我国古代天文地理以及帝王的封建迷信密切相关。紫禁城的"紫"指紫微垣。我国古代天文学家将天上的恒星分为三垣、二十八宿和其他星座。三垣指太微垣、紫微垣、天市垣。紫微垣在三垣之中央，因此代称皇帝。又因皇帝宫殿是等级森严的封建社会中最高级别的"禁区"，紫禁城的"禁"字正是强调了皇宫的无比威严。

　　古时认为"玉皇"是居住在天宫之内的，天宫谓之紫宫，而封建皇帝自诩是"天子"，其住所即相当于天上的"紫宫"（亦称紫微宫）。封建社会时，皇帝居住的宫殿，四周绕以高大厚实的城墙，戒备森严，严禁庶民百姓靠近，故称之为"禁城"。

　　紫禁城占地 72 万多平方米，共有宫殿 9000 多间，都是木结构、黄琉璃瓦顶、青白石底座，饰以金碧辉煌的彩画。这些宫殿是沿着一条南北向中轴线排列，并向两旁展开，南北取直，左右对称。

天安门广场

天安门广场位于北京市中心，南北长 880 米，东西宽 500 米，面积达 44 万平方米，可容纳 100 万人举行盛大集会，是当今世界上最大的城市广场。

天安门广场曾是封建帝王统治时代紫禁城正门外的一个宫廷广场，东、西、南三面用围墙围成一片的普通百姓的禁地。天安门广场始建于明永乐四年（1406 年）。天安门城楼建于明永乐十五年（1417 年），坐落在广场的北端，原名承天门。清康熙年间在天安门前的金水河上与天安门门洞及太庙、社稷坛正门相对应位置，建 7 座石拱桥。在金水河两岸各设石狮一对，河的南岸还设置蟠龙华表一对，木牌楼一座。清末，广场北自天安门往南到大清门全长 672 米：北端以天安门为中心，宽 364 米；南端以大清门为中心，宽 100 米，共计面积约为 112 600 平方米。

1417 年到 1651 年，天安门被多次烧毁又被多次重建。现今我们所看到的天

安门的原型就是在 1651 年建造的（清顺治八年）。城门五阙，重楼九楹，通高 33.7 米。在 2000 余平方米雕刻精美的汉白玉基座上，是高 10 余米的红白墩台，墩台上是金碧辉煌的天安门城楼。城楼下是碧波粼粼的金水河，河上有 5 座雕琢精美的汉白玉金水桥。城楼前两对雄健的石狮和挺秀的华表巧妙地相配合，使天安门成为一座完美的建筑艺术杰作。

辛亥革命后，开放了广场。1914 年拆迁步廊，1914 年 11 月至 1920 年，在东、西两座门和中央公园门前修筑沥青路。1924 年北京开始通行有轨电车，有三条路线通过广场及东、西长安街。

新中国成立后，天安门广场拓宽，并在广场中央修建了人民英雄纪念碑，后又分别在广场的西侧修建了人民大会堂、东侧修建了中国革命博物馆和中国历史博物馆、南侧修建了毛主席纪念堂。

盘 山

盘山风景名胜区是国家重点风景名胜区，位于天津市蓟州区，面积106平方千米。

盘山是燕山山脉的余脉，原名徐无山，又称四正山。东汉末年，无终（今蓟县一带）人田畴，为避乌桓的骚扰和董卓之乱，率领宗族人等隐居此山中。建安十二年（207年）曹操率军北伐乌桓，田畴建功，却不受"表封亭侯，食邑五百"，仍于徐无山隐居。为纪念田畴，后人将徐无山改称田盘山，为"田畴居此"之意，后简称"盘山"。

盘山山势雄伟险峻，层峦秀丽多姿，云海松涛气势恢宏，水石清奇，景色幽绝，又素有"京东第一山"之称。古人曾赞其曰："山秀石多怪，林深路转奇，三盘无限意，幽绝少人知。""万株松影千峰石，一度经过半世思。"盘山不仅自然风光迷人，并有众多的名胜古迹，曾被列为中国十五大名胜之一，又以"东五台山"之美誉著称佛界，1990年以其"三盘暮雨"成为"津门十景"的佼佼者，是当今中国北方著名的旅游胜地。

盘山位于京、津、唐、承四角交汇地带，西距北京90千米，南距天津市区120千米，东距唐山90千米，北距承德180千米，均有公路、铁路直达，交通极为方便。

盘山开发始于汉，后经唐、宋、元、明、清诸代相继建设，先后建有72座佛寺，13座玲珑宝塔，迄今已有近1500年的历史。唐代是盘山的盛建时期，清代乾隆年间是盘山景观发展的鼎盛时期，在山麓曾建有可与承德避暑山庄相媲美的皇家园林——静寄山庄。清康熙皇帝曾到过盘山9次；乾隆皇帝曾28次来游，并慨叹道："早知有盘山，何必下江南！"一千多年以前，唐太宗李世民东征高丽回来，曾经带兵在盘山驻扎，写下了脍炙人口的诗句："翠野驻戎轩，卢龙转征旆。遥山丽如绮，长流萦似带。海气百重楼，崖松千丈盖。兹焉可游赏，何必襄城外。"高度赞美了盘山的景色，可谓千年之隔异曲同工。

盘山景观以"五峰八石""三盘之胜"之奇特称绝。主峰名挂月峰，海拔864米，为盘山之巅，峰巅之上有唐朝延和年间（712年）智源禅师所建定光佛舍利塔。峰下有云罩寺，寺前一峰耸翠，形如伞盖，名紫盖峰；后有自来峰，突兀险峻；东有九华峰，状如莲花；西有舞剑峰，山顶一平如砥。五峰中主峰居中挺立，四峰环耸南北西东，所以盘山原有"四正山"之称。盘山"八石"系指悬空石、摇动石、晾甲石、将军石、夹木石、蛤蟆石、蟒石、天井石。其实，盘山群峰攒簇，怪石嶙峋，"八石余多怪石，五峰外有奇峰。"

盘山有"山多高水多高"之说，水源丰盛，树木繁茂，形成"三盘之胜"。所谓"三盘"，是指山的上、中、下三部，分别称上盘、中盘和下盘。三盘之胜，即：上盘松胜，蟠曲翳天；中盘石胜，千奇百怪；下盘水胜，涓流不息。古人吟赋盘山，留有"五峰争捧日，八石各生云""泉声三里五里，松影千层万层，红杏山山迎客，白云寺寺寻僧"的名句。

抗日战争时期，盘山地区是冀东革命根据地之一。日军实行残酷的"三光"政策，盘山许多佛寺都毁于战火。但盘山层峦叠翠的清秀风光依然令人钟情。新中国成立后，特别是改革开放以来，这座大自然赐予人类的不可多得的宝贵资源，才得以有效的保护、开发和利用。现已恢复了入胜、天成、万松、云罩四大景区，修建了盘山烈士陵园、盘山石趣园和盘山客索道以及道路和接待服务设施。

盘山景点林林总总，遍布全山，故难以一"线"贯通。除个别景点、景区外，可采用"A"字形的旅游路线。分别称为西线、东线（纵向），两线在峰顶——挂月峰相接，再以中线（横向）联系。无论东线西线，均可上下，并各有特色。东线景色水秀山明，开阔畅朗；西线景色山重水复，曲径通幽。综观盘山景观藏景于里，引人入胜，而非露景于表，一览无余。因此，游览盘山，东西两线都有如观赏戏剧般从序曲到高潮、到尾声之妙，且余意不尽。

游览盘山，至山脚下，首先到达盘山烈士陵园，然后经过石趣园前行，便来到了盘山"A"字形旅游线的西线。西线从盘山山门而入，一路经过入胜、天成寺、万松寺、桃园古洞景区，到达挂月峰。

从西线进山，首先映入眼帘的是山门前耸立的红柱、琉璃瓦顶的错彩镂金牌楼。牌楼上横书"京东第一山"，背面横书"层峦叠翠"。

过水木清华的"莲花池"，穿山门，"入胜"刻石正在迎候。跨石桥，便是"四正门径"。溪谷中巨大的元宝石上，呈现"此地有崇山峻岭怪石奇松"11个大字。眼前，仙人桥畔的迎客松，向游人挥手相招。

再前行，便到了盘山下盘区的第一寺——天成寺。走进乾隆皇帝常来盘山的下榻处江山一览阁凭窗回眺，方知："山林葱茏入佳境，空谷低回溪流声。"江山秀丽，真乃一幅天成图画。

登上翠屏峰，在宿云亭上凭栏远眺，天风云鹤，令人心悦神驰。小憩过后，可沿峭壁的石阶参谒抗日战争时的革命遗迹——包森洞、洪涛洞，再奔万松寺。路上，为眺望"鹰松"最佳处，并可遥望李靖舞剑台。

告别万松寺去桃园洞景区，路经盘谷寺遗址。如是春游，风和日丽当赏漫山遍野盛开的山杏花，领略"杏花万树开，映目光皎洁。东风过岭来，满地飘白雪"的古诗意境。随之到智朴和尚墓一观，并一览崖下石景，探桃园古洞，看摩天石、将军台。

继续攀登，便可见"一峰身出万松巅，脚底诸峰气藐然"，直达"去天尺五"的挂月峰，只见"巍峨云罩峰头塔，半天楼阁树荫浓。"再俯瞰山下，"一览众山小"，方觉风光无限。

如果您想减少登山之劳顿，又想饱览盘山之风光，可从"A"字形旅游线的起点入胜景区乘索道，由入胜直达万松寺，既可往返，也可沿景点步行返回，又可以从万松寺步行去挂月峰。

西线是游览盘山的导游路线，也是当年皇帝来盘山的必游之路，清乾隆皇帝来盘山的次数最多。这里留下了不少关于清代东阁大学士刘墉和礼部尚书、协办大学士纪昀等伴随乾隆皇帝游盘山的奇闻趣事，令人游兴倍增。

倘从东线上山，可见静寄山庄遗址处建起的盘山烈士陵园。到片石沟，沟旁崖壁上，有"千尺雪""贞观遗踪"题刻。远望可见摩崖刻石"萝屏"二字。沿沟而上，过盘山水库下的响涧，奔上方寺。寺虽不存，遗址居高临下，周围

古木森森，峭石磊磊，清幽奇
绝。过"大方广"，仰望"悬空
石"，一览"喝断石""天门开"
"白猿洞"，取道香路登挂月峰。

　　从东路走中线，由片石"响
涧"过水库大坝，上西山坡，过
说法台，忽觉"山重水复疑无
路"，而实际上却有对峙峰涧
"一线天"。穿过"一线天"，面
前豁然开朗——"柳暗花明又一
村"，便到了古中盘，左山崖有乾隆题刻多处。此处可见用巨大的花岗岩条石叠
筑的 30 余米高的两道大坝连成的平台，蔚为壮观，这便是正法禅院的遗址。由
此前行至山腰，回头望，正是观赏"松影"绝佳处。而后前往盘谷寺、万松
寺。由万松寺即可经天成寺下山，并可取道直上盘剑台或登主峰。

　　盘山"步步有景，景景有典"。如果在天气晴朗之日游盘山，定会使游者
如愿以偿，但倘若不巧遇上云笼雾锁以至细雨霏霏之时，是观赏"津门十景"
之一"三盘暮雨"的大好时机。盘山的"云海松涛"更蔚为壮观，但不是每次
来盘山都能见到的，如能巧遇，乃是游览者的一大幸事。

避暑山庄

避暑山庄又名承德离宫或热河行宫，位于河北省承德市中心北部，是清代皇帝夏天避暑和处理政务的场所。避暑山庄始建于1703年，历经清朝三代皇帝：康熙、雍正、乾隆，耗时约90年建成。

康熙、乾隆皇帝时期，每年大约有半年时间要在承德度过，清前期重要的政治、军事、民族和外交等国家大事，都在这里处理。因此，避暑山庄也就成了北京以外的陪都和第二个政治中心。

康熙平定三藩之乱，解决了西南边疆的稳定，平定准噶尔叛乱和签订《尼布楚条约》，使北部边疆的紧张局势也得到缓和。正是在这种环境和条件下，他才从军事上、政治上充分考虑巩固统治地位，而热河行宫——避暑山庄是在政治稳定、经济发展的基础上建立起来的皇家御苑。从1703年始建至1792年完工，先后经过长达89年的建造和扩建。这期间正值"康乾盛世"，国力强盛。农业有充足发展，人口增多，商业发达，阶级关系有所改善，有充裕的人力财力营建大型园林。

避暑山庄分宫殿区、湖泊区、平原区、山峦区四大部分。宫殿区位于湖泊南岸，地形平坦，是皇帝处理朝政、举行庆典和生活起居的地方，占地10万平方米。湖泊区在宫殿区的北面，约430公顷，有8个小岛屿，将湖面分割成大小不同的区域，层次分明，洲岛错落，富有江南鱼米之乡的特色。

恒　山

　　恒山位于山西省北部浑源县境内，西衔雁门关，东跨河北省，连绵数百里，横亘塞上。恒山，亦称太恒山，又名元岳、常山。

　　早在远古尧时，尧帝命羲和氏的四个儿子分别掌管四岳，羲仲为东岳长官，羲叔为南岳长官，和仲为西岳长官，和叔为北岳长官。到舜帝时，舜帝用了一年的时间巡狩四岳，二月东到泰山，五月南到衡山，八月西到华山，十一月北到恒山。据《尚书》载，舜帝冬十一月北巡恒山，行至冀州曲阳，大雪封山，不得前行，便望山拜祭，当即从恒顶飞来一巨石落于帝前，舜帝将此石封为"安王石"，后世在曲阳建"飞石殿"。从此，恒山也便留下了"飞石遗踪"。

　　尽管这只是传说，但《舜典》《禹贡》等书皆成书于秦汉之际，当时曾有"奉天下名山十二，其二便是恒山"。可见早在两千年前，恒山就有天下第二山之称。且《尔雅》称："恒山为北岳。"也就是说远在秦汉时，恒山就已经称之为北岳了。

恒山位于浑源城外正南方向。为我国五大名岳之一，又是道教圣地。早在西汉初年就有营建。历代均有修饰。到明、清，已形成规模宏大的建筑集群，人称"三寺四祠九亭阁，七宫八洞十二庙"。

恒山左右分峙着两座主峰：东壁，是穿云摩天的天峰岭；西壁，是峻峭巍峨的翠屏山。

越过小桥流水，攀上石壁栈道，拾级而上。进入山门后，爬悬梯，钻石窟，绕长廊，寺中又是一番天地。原来，悬崖空寺不仅奇在悬空，而且殿回楼转，一步一景，建造奇特。全寺大小40处殿庙楼阁，高低错落，对称中有变化；转折升降，分散中有连络。更兼寺中铜浇、铁铸、石雕、泥塑的78尊神像，神态自然，栩栩如生。

最高层有三教殿。在此殿内，释迦牟尼、老子、孔子的塑像同堂共室。这是佛、道、儒三教合作建寺的产物。

翠屏山是恒山两座主峰之一。它和天峰岭一样，都属孤山式断层山。那分峙叠出的山峰，一层断崖，一层绿带，煞是好看。山路两侧，怪石嶙峋。窥翠屏一斑，知恒山全貌。

翠屏山下就是金龙峡腹地，两侧沟壁陡直，峡底流水奔泻，谷幽峡深，十分险要。

五台山

　　五台山位于山西省的东北部，是太行山的支脉。它由东台、西台、南台、北台和中台五大主峰环抱而成，因此而得"五台"之名。其中北台斗峰，最为险峻，海拔达 3058 米，是我国华北地区最高的山峰，素有"华北的屋脊"之称。

　　相传从前五台山叫五峰山，气候终年酷热，赤日炎炎，久旱无雨。文殊菩萨来此传教，见百姓受苦决定用法除灾，造福万民。于是他变成一个化缘和尚，跑到东海龙宫向龙王借宝。龙王领他遍览宫内奇珍异宝，任他选。文殊菩萨看了只是摇头，一样也看不中，最后，他提出只要龙宫外面那块又大又黑的石头。龙王听了有点为难，心想：此乃歇龙石，被他拿走吾儿如何歇息？龙王打算推托，但转而一想：此石又大又重，料这老和尚也搬不动，不如做个人情，免得让人笑我小气。于是假装点头答应，站在一旁，看这老和尚如何处理。不料话刚出口，老和尚立即双手合十作谢，然后用手指轻轻一点，歇龙石竟然由大变

小，装进和尚的袖筒里去了。龙王见状，后悔莫及，却又无可奈何。

歇龙石就这样被文殊菩萨带回了五峰山。说也奇怪，歇龙石一落地，整个山区顿时就清泉潺潺，草长花开，气候变得凉爽舒适起来。此后，人们就把这块歇龙石叫做清凉石，五峰山叫做清凉山。

再说龙王的五个儿子回到龙宫，见没有了歇龙石，问明缘由后，就一起赶到五峰山想找回去。只见五峰高耸，雾海苍茫，哪里还找得到歇龙石。五位龙子气得挥动龙爪，横冲直撞，乱挖乱翻，不仅削掉了五峰的尖顶，使它成为五座平台，还在每座台顶的半坡上，留下了成堆乱石，大小参差，飞棱斗角，这就是俗称的"龙翻石"。

据说，当年文殊菩萨常常端坐在石上讲经说法，周围能容纳数百僧徒聚坐聆听。《佛说文殊师利法宝藏陀罗尼经》载："佛告金刚密迹王言：'我灭度后，于此南赡部洲东北方，有国名大震那，其中有山名五顶，文殊童子游行居住，为诸众生于中说法。'"

中国古称震那国，佛教徒认为中国在佛经中所说的南赡部洲，五台山的五台犹如五顶，地理形势与经中描述的文殊菩萨的住处极其相似，这是五台山被视为佛教圣地的重要原因之一。

扎兰屯

扎兰屯风景名胜区是国家重点风景名胜区。位于内蒙古自治区扎兰屯市。扎兰是蒙古语，是管理小屯落的官职名。

扎兰屯风景名胜区由秀水、断桥、柴河，大、小孤山和喇嘛山景区组成，总面积470平方千米。秀水、断桥景区是集山、水、林、岩为一体的自然景观，吊桥公园和秀水公园是扎兰屯最有名的风景点。柴河景区是以山险、石怪、水秀、树茂、兽奇、鸟异而著称，河床两岸悬崖峭壁，气势磅礴。大、小孤山景区则是绿草如茵、水网密布、曲曲弯弯。喇嘛山是因28座形态各异的大、小山峰而得名。

扎兰屯市位于大兴安岭东南麓，位于滨洲铁路线上，往东直通黑龙江的齐齐哈尔、哈尔滨，往西直达海拉尔、满洲里，交通方便。扎兰屯风景资源十分丰富，其特点一是自然风景优美，二是消夏避暑胜地，三是民族风情淳厚，四是辽金文化灿烂。全市70%的面积被森林和天然草场覆盖，有50多种兽类、200余种鸟类和50多种鱼类生息繁衍。这里四季分明，山清水秀，西北是大兴安岭山地，一望无际的原始森林，像浩瀚的绿色海洋环绕着山城，山上松桦茂密，山谷溪泉众多，雅鲁河和绰尔河缓缓流过，河中有许多丛林绿洲，草木茂盛，风光独特，景色宜人。春天的扎兰屯万紫千红，四周杜鹃花盛开，芍药花争艳。夏季气候凉爽宜人，清末以来是传统的避暑胜地。秋来漫山林木树叶变得五彩缤纷。故一向有"内蒙古小杭州"的美称。这里蒙古、朝鲜、达翰尔、鄂伦春、鄂温克等多

个少数民族的生产生活方式已成为引人注目的人文景观。

扎兰屯有深厚的辽金文化底蕴，历史悠久，古迹较多，以辽金时代文化遗存最为显著。

吊桥公园　在市区北部。园中古木参天，杨柳倒垂，亭台错落，清水碧波，吊桥横跨，颇有江南水乡的味道。闻名的吊桥，是由两条铁索腾空吊起的精致木桥，宽4米，长65米，造型别致美观。桥建于1905年。人走在上面，像上了"浪木"，晃晃悠悠，别有情趣。当人们站在桥上向北望去，朱栏黄瓦的"望湖亭"隐约可见，亭西后侧是一孔有扶手的高拱桥。从吊桥西望去，只见那水中的桥，孔中的天，恰似八月十五月儿圆。

秀水公园　位于扎兰屯北羊鼻梁山的山脚下，以风景优美著称。山的中段，石壁陡峭，远看同羊的鼻梁差不多，故得此名。青山叠翠，林木葱茏，山顶矗立着秀水亭，登亭远望，可见巍巍高山环抱着扎兰屯，绿树掩映，河水如带，整齐的街道，来往的人流，山城风光，一览无余。雅鲁河流经这里，河中有无数长满林木花草的小岛，碧水回环，风采动人，可乘小船游览。1961年老舍等一批文化名人来此游览后，共同商定命名为"秀水"，可谓实至名归。

柴河　柴河是绰尔河的支流，穿行于火山喷发造成的玄武岩河谷，由于河流的下切作用，两岸形成陡壁，汹涌的河水惊涛拍岸，轰鸣声在山谷回荡。柴河在绝壁与密林间奔流，时而跌宕澎湃，时而舒缓回旋，连缀起一串串的美妙风光，组成一道亮丽的风景线。卧牛泡，面积约1 800平方千米，形状如梨，岸边古树参天，峰峦绕湖，似浓浓的绿波间托起的一面明镜，倒映着澄澈碧蓝的苍穹和连绵湖边的群山，只是每当有行船划过，必会惊动一群群的水鸟，振翅促飞，搅乱了它固有的安宁，同时也带来一份生机。

月牙湾　是经过一番狂奔的柴河在一片较低缓的谷坡减慢了速度，汇集而成的，水面两端狭窄中间宽阔，形如弯弯的月牙。月亮湖，湖面如一轮明亮的满月，人迹罕至，是犴鹿獐狍的世界。水帘洞，红花尔基河沿地势飞泻而下，形成落差6米的瀑布直冲潭底，两侧原始林木遮天蔽日，突兀怪石临水而立，水幕后有一深洞，被遮挡得严严密密，别有洞天。老虎洞、熊瞎子洞，地势险恶，阴森潮湿，形象逼真，令人恐惧，而其下缓缓流动的绰尔河，波光溢彩，浓荫倒映，温润可亲，形成极大的反差。九龙泉、一线天、虎啸岩、独秀峰诸景点，无不是形神兼备，各领风骚。

华 山

　　华山，古称西岳。在陕西华阴县城南，海拔 1997 米，北瞰黄河，南连秦岭。《水经注》说它"远而望之若花状"，因名花山，又称华山；又因其西邻少华山，又称太华山。华山以"奇拔峻秀"冠天下。其主峰为落雁（南峰）、朝阳（东峰）、莲花（西峰），还有玉女（中峰）、云台（北峰），为华山五峰。华山名胜很多，天然奇景处处可见。如凌云架设的长空栈道、三面临空上凸下凹的鹞子翻身以及在峭壁悬崖上开凿出的通道千尺幢、百尺峡、老君犁沟、苍龙岭等。"华山自古一条路"，现在亦然。

　　相传大禹治水，处处得到人和神的帮助。他把黄河引出了龙门，来到潼关时，又被两座山挡住了去路。这两座山南面的叫华山，北面的叫中条山。它们紧紧相连，河水不能通过。这时有位名叫巨灵的大神，挺身出来帮大禹的忙。

巨灵神的身躯不知有多么高，力气不知有多么大。只见他走上前去，伸出两只巨手，紧紧抓住南面华山的山顶，顺势用脚使劲去蹬北面中条山的山根，要把两座连在一起的大山硬分开来。他这一鼓劲，中条山倒给他蹬开了，黄河也顺利地从他蹬开的缺口流过去了。可是由于用力过猛，好端端的华山也被他掰裂，一高一低，成了两半。高一些的就是现在的华山，又叫太华山；低一些的就是现在的少华山。如今在陕西的华岳峰顶上，巨灵神开山时留下的手印，仍然老远就看得见，五个手指头和手掌的形状，还清清楚楚的。那个大脚印，则留在山西永济县境内中条山脉的首阳山下。华岳峰和首阳山隔河相峙，各在一省，巨灵神之巨大真是难以想象。李白"巨灵咆哮劈两山，洪波喷流射东海"的诗句，讲的正是华山的来历。

黄帝陵

黄帝陵风景名胜区是国家重点风景名胜区，位于陕西省黄陵县，由黄帝陵、子午岭、黄土风貌三个景区组成。

黄帝陵简称黄陵，是中华民族的人文始祖——黄帝的陵墓，是国务院公布的重点保护第一号古墓葬，世称"天下第一陵"。子午岭有秦朝修建的秦直道和北宋修建的石空寺、紫娥寺及阎庄水库等景观，独特的侯庄渊、郑家庄水库等黄土高原湖泊和淳朴的陕北民俗风情构成了别具一格陵园、柏林和黄土风貌景区。

桥山因山形像桥，故以得名，山上古柏参天，碧水环绕，景色宜人。桥山有古柏8万余株，其中千年以上古柏3万余株，是当今全国最大的古柏群。黄帝陵寝就处在这满山古柏包围之中，登临台顶可远眺四周山水。

黄陵坐北面南，冢高3.6米，周长48米，冢前立一石碑，上书"桥山龙驭"。陵前有一祭亭，亭中石碑上镌郭沫若题"黄帝陵"三字。陵前数10米路边立一石碑，上刻"文武百官到此下马"，西侧有一高台，旁有石碑书"汉武仙台"，相传为汉武帝征朔归来，在此祭祀黄帝、祈求升天所修筑。

桥山东南山麓有始建于汉代的祭祀轩辕黄帝的轩辕庙，宋太祖开宝五年（972年）移至今址，明清各代都有重修。庙呈四方形，庙门朝南，门额上大书

"轩辕庙"三字。跨进庙门，左边有一棵巨大古柏，树高 19 米，树围 10 米，有群柏之冠之称，据说此柏为黄帝亲手所植，外国学者称其为"世界柏树之父"，距今已有 5000 余年的历史。穿过庙门北边的过厅，是一座长方形碑亭，东西两边共立有 47 通石碑，其中有蒋介石手书"黄帝陵"石碑。最北端是大殿，殿额上悬挂"人文之初"大匾。殿门外西侧有一大古柏，名曰"挂甲柏"，树干斑痕密布，像有断钉在内，相传这是汉武帝征朔方还驻跸挂金甲印烙所致。进殿门，立有巨幅石刻黄帝像，下立黄帝牌位，供桌上摆放着各种供品。大殿两侧还建有出土文物展厅。

几千年来，每逢清明时节，不少历代帝王官吏都亲自来这里祭奠。现在每年清明，海内外炎黄子孙也都在此祭奠黄帝。

嵩　山

据《尚书》上说，嵩山从外面看是方形，故称"外方"。又由于古代传说中的尧舜的居地都在现在的山西省南部，对于部落氏族来说，嵩山距离他们已经很远了，所以叫做"外方山"。

夏禹时称为"蒿高""崇山"。周公著《尔雅》上说："大而高者叫蒿。"平王东迁洛阳以后，始定蒿高山为中岳。嵩山这一名称是汉武帝以后才出现的。以后历代均沿称嵩山为中岳。它是根据《诗经·大雅》中"嵩高唯岳，峻极于天"的诗句而命名的。古人认为它凝聚天地灵秀之气，居于四方中央，巍峨高峻，雄伟秀丽，故称中岳。

相传，西汉元封元年（公元前110年），汉武帝刘彻来游嵩山时，见到一棵高大的柏树，而封之为大将军柏，接着又封另两棵树为二将军柏和三将军柏。三将军柏清初被火烧毁，现存大将军柏和二将军柏，其中二将军柏较为壮观，它高约30米，围径15米，虽然树皮剥落，躯干龙钟，但依然生机盎然。树干下部有一枯孔，南北相穿，好像一座门庭过道，洞中能容数人，两根弯曲如翼的庞然大枝干，左右伸张，形若雄鹰展翅，又如金鸡欲飞。

洛阳龙门

洛阳龙门风景名胜区是国家重点风景名胜区，位于河南省洛阳市。

龙门位于洛阳南郊，伊河自南向北流去，两岸石山对峙，形成一个天然的门阙，称为龙门，又称伊阙。这里满山翠柏，瀑布飞泉，长桥卧空，伊水碧流，风景优美。

自北魏至晚唐的四百年间，人们在这里伊河两岸的悬崖峭壁上凿窟建寺，成为我国三大石窟艺术宝库之一，也是世界闻名的石窟艺术宝库。龙门石窟规模宏大，内容丰富而精美，现存窟龛 2100 多个，佛塔 40 多座，造像 10 万余尊。

龙门石窟始建于公元 494 年。当时的北魏王朝崇信并提倡佛教，佛教艺术也最兴盛，北魏孝文帝十八年（494 年）迁都洛阳后，在伊河两岸的崖壁上开始营造石窟。后来经过东魏、北齐、西魏、北周、隋、唐等朝代的连续营建，使伊水东西两山的窟龛密如蜂窝。五代和宋代初年虽也有雕造，但为数很少。

龙门石窟的石雕，造像生动，技艺惊人，是研究我国古代雕刻艺术的珍贵实物资料，石窟中的纪年题记又为石雕凿成的年代提供了可靠证据。龙门石窟的题记、碑刻，例如"龙门二十品""伊阙佛龛之碑"等，字体劲道精美，是我国书法艺术的珍品。

潜溪寺 又名斋祓堂，是龙门西山北端的第一个大洞，开凿于唐贞观十五年（641 年）。洞内主佛是阿弥陀佛，姿态肃穆慈祥，身体各部比例匀称。主佛两边是阿难、迦叶二弟子和二菩萨、二天王。菩萨面部丰满，天王威武有神。

宾阳洞 在龙门西山北部、潜溪寺南，分为北、中、南三洞。

宾阳北洞，北魏时开始修建，唐初完成。中刻阿弥陀佛像，佛背光为火焰纹，纹里还带有葫芦形雕纹。两侧为罗汉及协侍菩萨。洞口两壁刻二天王像。

宾阳中洞也称宾阳洞，是龙门石窟中开凿时间最长、用工最多的一个洞窟，北魏景明元年（500 年）开凿，正光四年（523 年）建成，历时 24 年之久。此洞也是龙门石窟中最雄伟、最富丽堂皇的一个佛洞。洞内有大佛像 11 尊，主佛释迦如来面部清秀，体态平稳。洞顶雕有莲花宝盖。洞口两侧有大型浮雕，但其中构图精美、雕刻细致的"帝后礼佛图"已被盗走，只留下一片盗凿后的痕迹。洞门外有唐贞观十五年（641 年）所立著名书法家褚遂良书写的"伊阙佛龛之碑"。

宾阳南洞，始凿于北魏，隋代完成。洞中刻阿弥陀佛像，面部丰润，衣纹流畅。

万佛洞 在龙门西山南部，唐代永隆元年（680 年）建成。洞内南北两侧壁间刻有一万五千多个小佛，故名万佛洞。阿弥陀佛像立于八角莲花台上，姿态端正，肃穆安详。后壁雕 54 枝莲花，每枝花上坐着一个菩萨。南北两壁小佛像下面的伎乐浮雕，形象生动，姿态优美。

莲花洞 又名伊阙洞，在龙门西山南部，建于北魏孝昌三年（527 年）前后。洞为长方形，洞顶平圆。上刻一朵精美的大莲花，故称为莲花洞。洞中主佛释迦牟尼像，头部已被破坏；左侧的迦叶像头部也被盗走。菩萨雕像，刻工精细，姿态优美，是北魏石雕中的佳品。南壁佛龛上还有佛经故事的浮雕。洞口左边有明代河南巡抚赵岩所题"伊阙"二字，伊阙洞名即源于此。

奉先寺 在龙门西山南部，是龙门石窟中最大的佛洞。自唐咸亨三年（672 年）开凿，至上元二年（675 年）完工，历时近 4 年。这是一个露天大佛龛，东西长 41 米，南北宽 36 米，是唐代开凿的最雄伟的洞窟。

主佛卢舍那佛，高 17.4 米，头高 4 米，耳长近 2 米，口鼻端正，面部丰润，微露笑容，昂胸挺腹，显得慈祥端重。惜膝下部分已崩落。其他 10 尊弟子、菩萨、天王、力士雕像，也都形象生动，神态各异。雕刻技术纯熟精细。据碑文记载，武则天为建造此寺曾"捐助脂粉钱二万贯"，并率朝臣参加卢舍那佛的"开光"仪式。当年曾建大房 9 间，因年久失修均早已塌毁，两壁上只留下一些当时建筑的痕迹。

药方洞 在龙门西山北部，奉先寺旁边。从北魏晚期开凿，直到唐代武则天时建成。历时约 200 年。洞口两侧刻有治疗各种疾病的药方 140 多条，是研究我国古代医药学的宝贵资料。洞窟也因之取名药方洞。

古阳洞 紧邻药方洞，是龙门石窟中开凿最早的一个洞窟。北魏太和十九

年（495 年）开凿，北齐武平六年（575 年）建成。洞中石刻绝大多数是北魏时期的作品。洞内南北两壁雕刻的三层佛龛，极其精巧华丽，各龛的拱额装饰都很精美。后壁左边菩萨上部还雕造一个歇山式的屋形龛，应是北魏房屋建筑的制式。

洞内的造像题记，古朴浑厚，遒劲自然，所谓的"龙门二十品"中，古阳洞就独占 19 种，为研究书法艺术提供了珍贵的资料。

石窟寺 在龙门西山南端。洞口外壁有火焰形尖拱楣额，尖拱两侧刻有精美的飞天。洞内正龛两侧刻有菩提树，转角处雕有供养人像，南北两壁下部各雕"礼佛图"一幅，是龙门石窟中仅存的完整的"礼佛图"了。

龙门西山的洞窟尚有敬善寺、魏字洞、唐字洞、火烧洞、路洞等，雕像、题记都很丰富，各有特色。

香山洞窟 位于伊水之东的香山上，窟龛开凿年代晚，数量也少，大部分是唐代开凿的，但雕刻技巧及风格，别具特色，有一定艺术价值。主要洞窟有看经寺、万佛沟、擂鼓台等。

白园 位于龙门香山琵琶峰上，是唐代著名诗人白居易的墓园。墓地周围松柏葱郁，肃穆幽静。现建为一仿古园林，建有乐天堂、听伊亭、白亭、白池、道时书屋和荟萃当代书艺精华的诗廊。

白马寺 位于洛阳城东 12 千米处，建于东汉明帝永平十一年（公元 68 年），是佛教传入中国后由官府营造的第一座寺院。被尊誉为中国佛教之"释源"和"祖庭"。寺东南有 24 米高的齐云塔，为金代建筑。

关林 位于洛阳市南郊，是三国蜀将关羽的墓地。墓地封土成丘，高达 20 余米，周围翠柏参天，围以八角红墙，墓前有八卦碑亭，亭内的石碑上刻有"汉寿亭侯关云长之墓"及关羽传记。墓前有关帝庙，现存建筑多为明清时所建，有殿宇廊庑 150 余间，碑刻 70 余方。

王屋山—云台山

王屋山—云台山风景名胜区是国家重点风景名胜区，在河南西北部，面积110平方千米。整个风景名胜区由王屋山和云台山两部分组成。

王屋山 在河南西北部的济源市，区内群山叠翠，谷深洞幽，石径奇险，道观庙宇星罗棋布。共有奇峰35处，奇洞名泉26处，碧潭飞瀑8处，秀坪幽谷15处，同天福地景观5处。

王屋山风景区，以攀登天坛绝顶为"主旋律"，顺次分为阳台宫、迎恩宫、紫微宫、天坛顶和王屋洞5个主要游览点，各点之间又以自然风景珠贯相连，从而构成一条错落有致、节奏鲜明、曲径通幽、浑然天成的游览线。全线约长25千米。

游览线的起点是阳台宫。宫后的天台峰状如凤首。宫前的九芝岭向南扇翅展开，形似凤尾。登高而望，还有凤脖、凤肩、凤背、凤腰、凤翅和凤心石等。站在山门前击掌，回音很像鸟叫，说是"凤凰鸣"。人们把这种奇异的地形比作"丹凤朝阳"。

阳台宫现存建筑总的布局是依山就势，自南而北，由下而上，高低错落，构图幽雅。主体建筑三清大殿和玉皇阁，一前一后，雄踞于中轴线上。三清殿重修于金正大四年（1227年），明正德年间维修时仅换了部分石柱和平板枋，其余主要梁架、斗棋等，仍是宋、元遗物。玉皇阁为重檐楼式三层建筑，巍峨飘逸，极为壮观。阁内的8根冲天大柱高约16米，径粗两围。这两座建筑物的数10根石柱上，雕有云龙文饰，还有百鸟朝凤、喜鹊闹梅、苏武牧羊、张良进履、八仙过海、黄帝战蚩尤等各种浮雕，构图生动，刻工精美，艺术价值很高。院中古柏均在千年以上，中有七叶菩提一株，粗近3米，高14米，枝叶繁茂，已有1200余年树龄。院中有碑数10通，著名的李白《上阳台帖》真迹，已送北京故宫博物院珍藏。

迎恩宫是古代山上道士迎接皇帝和圣旨的地方。宫北的华盖连珠峰蜿蜒而下，到此结成一小孤峰，形如垂珠，故名垂珠峰。峰西有紫微溪，东有滴水洞，汇流于前，所以此处叫做"二龙戏珠"宝地。宫周围有5座小丘环绕，说是"五官朝宫"。此宫创建年代不详，现存建筑8座，均为乾隆时重建。

登天坛顶并不是游览的最后高潮，因为天坛神山还有一个奇韵天成的"深宫后苑"——王屋洞。那才真正是仙家所说的"清虚小有之天"，杜甫曾经北寻过的"小有洞"（《忆昔行》）。天坛胜景以恢宏博大取胜，王屋洞则以深邃迷离著称。

王屋洞包括王母洞和灵山洞，离天坛顶尚有7千米惊险奇诡的羊肠小道。旧时香客一般都是先登天坛，然后退回坛下，西寻太乙池。太乙池在黑龙洞前，济水之源。

王屋山下有愚公村，相传"愚公移山"的故事就发生在这里，现有愚公雕像。

云台山 在河南西北部的修武县，距焦作市30多千米，古名覆釜山，后因山势险峻，峰间常有云雾缭绕而得现名。共分真庆宫、万善寺、温盘峪、子房湖、老潭沟、小寨沟、三秀峰、茱萸峰、浓秀谷、百家岩10个景区。区内重峦叠嶂，泉瀑争流，满山遍布都是原始次生林。

茱萸峰为云台山主峰，海拔1304米，因山上多茱萸而得名。从山腰蹬300级云梯即可达峰顶，登临极巅，遥望黄河如带，三秀峰、云门峰、杜鹃峰、浮丘峰等如众星捧月，遥遥环拱，奇峰秀木，蔚为壮观。当年唐代大诗人王维就是在此写下了名篇《九月九日忆山东兄弟》："独在异乡为异客，每逢佳节倍思亲。遥知兄弟登高处，遍插茱萸少一人。"峰下有一高20米的石柱，酷似一棵大灵芝，若换个角度看，则像一位亭亭玉立的少女，后人取名为三秀峰。

老潭沟、小寨沟和温盘峪均以潭瀑景观著称。老潭沟内的云台山大瀑布，落差高达300余米，极其雄伟壮观，为我国落差最大的瀑布之一。小寨沟为两山夹峙的一条长约三里的峡谷，壁间沟底，都有清泉涌淌，汇成潺潺山溪，随着山势跌宕起伏，形成无数潭瀑，可谓三步一泉，五步一瀑，十步一潭，幽静恬雅，澄澈如碧，被誉为"潭瀑川"，景色十分幽静秀美。温盘峪也是一条峡谷，总长约1000米，最窄处仅三四米，峡谷呈阶梯形，山峰雄峙，流水湍急，瀑声如雷，内有首龙潭、黑龙潭、青龙潭、卧龙潭、黄龙潭、眠龙潭、子龙潭、白龙潭和苍龙潭9个水潭，被称为九龙溪，峪顶草木相连，不着痕迹，进得谷内，恍若仙境。

百家岩在云台山中天门山下，是魏晋时期著名的"竹林七贤"的隐居地。当年"竹林七贤"在此地活动达20余年，现尚存"嵇康醉酒池""刘伶醒酒台"等古迹和多处唐宋以来的石刻。

云台山天然洞窟有数10个之多，出名的有10大洞天，其中药王洞相传是唐代药王孙思邈采药炼丹的地方，洞深40余米，洞内最阔处十米，洞中有孙思邈雕像及金人所立的《孙真人碑》。洞口一株两围来粗的红豆杉，已有数百年历史。

蓬莱阁

蓬莱阁在蓬莱市区西北的丹崖山上，面积有 32 800 平方米。蓬莱阁包括三清殿、吕祖殿、苏公祠、天后宫、龙王宫、蓬莱阁、弥陀寺等几组不同的祠庙殿堂、阁楼、亭坊组成的建筑群，统称为蓬莱阁。自宋嘉裕年间起，历代都进行了扩建重修。秦始皇访仙求药的历史故事和八仙过海的神话传说，给蓬莱阁抹上了一层神秘的色彩，因而古来即有"仙境"之称。

蓬莱阁的主体建筑建于宋朝嘉裕六年（1061 年），坐落于丹崖极顶，阁楼高 15 米，坐北面南，是双层木结构建筑，阁上四周环以明廊，可供游人登临远眺，是观赏"海市蜃楼"奇异景观的最佳处所。阁中高悬一块金字匾，上有清代书法家铁保手书的"蓬莱阁"三个苍劲大字，东西两壁挂有名人学者的题诗。位于蓬莱阁下的仙人桥，结构精美，造型奇特，传说是"八仙"过海的地方。

相传，很早以前，渤海中有三座神山，其上黄金白银为宫阙，珠干之树皆丛生，华实皆有滋味，吃了能长生不老。秦始皇统一六国后，为求大秦江山永固、个人长生不老，便慕名来到这里寻找神山，求长生不死药。他站在海边，眺望大海，只见海天尽头有一片红光浮动，便问随驾的方士那是什么，方士回答："那就是仙岛。"秦始皇大喜，又问仙岛叫什么名。方士一时无法应答，忽见海中有水草漂浮，灵机一动，便以草名"蓬莱"做了回答。"蓬莱"者，"蓬草蒿莱"也。据说，蓬莱这个神山名就是这样来的。

实际上，早在秦始皇之前，"蓬莱"作为海上神山的名字就已经传开了。成书于战国时代的《山海经·海内北经》中就有"蓬莱山在海中"之句；《列子·汤问》亦有"渤海之东有五山焉：一曰岱兴，二曰员峤，三曰方壶，四曰瀛洲，五曰蓬莱"的记载。

"蓬莱"作为地名（而不是神山名），最早有文字可考的见于唐代杜佑的《通典》："汉武帝于此望海中蓬莱山，因筑城以为名。"汉武帝确曾于元光二年（公元前133年）东巡至蓬莱，说他望神山不遇，筑一座小城命名为"蓬莱"，聊以自慰，这说法似乎可信：①至今未见汉代以前的典籍中有"蓬莱"作为地名出现的；②据清代《蓬莱县志》载，蓬莱旧城鼓楼（址在今画河桥西50米处）的前身，为古城东门，名"望仙"，为汉武帝登临望海处。

泰　山

　　泰山风景名胜区是国家重点风景名胜区，1987 被联合国教科文组织列为世界自然文化遗产，位于山东省泰安市，总面积 462 平方千米，分为登天、天烛峰、桃花峪、玉泉寺、樱桃园、灵岩 6 个景区。

　　泰山，古称东岳，又名岱山、岱宗。它崛起于山东省中部，绵亘于泰安、济南、莱芜市之间，主峰玉皇顶在泰安市城区北，海拔 1545 米。泰山，东望黄海，西襟黄河，前瞻孔孟故里，背依泉城济南，以拔地通天之势雄峙于中国东方，以五岳独尊的盛名享誉古今。自古以来，被视为中华民族的精神象征，华夏历史文化的缩影。

　　泰山是大自然钟神造化的产物。它孕育于 25 亿年前的古代造山运动，成形于 1 亿年前的燕山运动，3000 万年前的喜马拉雅运动，逐渐形成今日之雄姿。泰山花岗岩是世界上最古老的岩石之一，至今泰山北部张夏一带中上寒武纪地层剖面，仍是世界寒武纪地层中最有意义的标本。

　　泰山，历史悠久，文化灿烂。据考证，早在旧石器时代，泰山周围就有了人类活动的踪迹，新石器时代，泰山南麓的大汶口文化、北麓的龙山文化，就已在黄河中下游地区具有了相当影响。商周时期的"齐鲁文化"，影响至今。古代"受天命"而称帝的所谓"天子"，更把泰山看成是国家统一和权力的象征，从先秦时代到中国封建社会的结束，前后连续四千多年数以百计的君主、帝王或代表帝王的使臣前来朝拜祭祀泰山，给泰山冠以"天齐王，天齐仁圣帝"的封号。视"泰山安，则四海皆安"为"国泰民安"。因为帝王的封禅施礼，儒、道、佛教相继传入，泰山尽显昌盛，山上山下，庙观林立，香火鼎盛。尤其是宋代以后，以碧霞元君为代表的道教在泰山及各地得到空前发展，以至"泰山行宫"遍布全国各地。

　　泰山，钟灵毓秀，英才俊杰竞显风流。从春秋时期的孔子到建安七子之一的曹植，从李白、杜甫、苏东坡，到徐志摩、郭沫若……他们登泰山，吟山水，抒奇志，叹人生，留下了浩如烟海的诗文墨宝，成为中华民族文化宝库的重要组成部分。

泰山自然景观优美。它凌驾于齐鲁丘陵之上，主峰突兀，山势险峻，峰峦层叠，形成了"一览众山小"和"群峰拱岱"的高旷气势。泰山多松柏，更显其庄严、巍峨、葱郁；又多溪泉，故而不乏灵秀与缠绵，虚无缥缈的云雾则使它平添了几分神秘。它既有秀丽的麓区，静谧的幽区，开阔的旷区；又有虚幻的妙区，深邃的奥区；还有10大自然奇观，10大自然景观，泰山已成为中国山岳风景的典型代表。

泰山人文景观丰富。各种以塑造登天意境与儒、道、佛家风格相结合并因景而设的寺、庙、宫、观、亭、台、坊、阁多达100多处，遍布泰山上下的峰峦溪谷，是人类珍贵的历史遗产。泰山碑刻历史久，规模大，数量多，为名山之最。从中国最早的泰山秦刻石到大字鼻祖"经石峪"；从千古之谜《无字碑》到金碧辉煌的唐宋摩崖、明清巨制，各种碑碣石刻达1830多处，被誉为天然的石刻艺术展览馆。

泰山资源丰富，森林覆盖率高达80%以上，古树名木9810株，是人类历史文明活的见证。泰山花岗石、泰山赤灵芝、何首乌、赤鳞鱼驰名中外，具有观赏和经济价值。

泰山风景名胜以主峰岱顶为中心，呈放射状分布，由6大景区组成。

登天景区 以泰安城为起点、岱顶为终结，以历代帝王登封泰山、统治阶级神道设教、百姓朝山进香为主题，以渐次叠垒、气象森严、拔地通天的泰山麓和极顶为载体，构成了长达10千米的三重空间一条轴线格局，通过三里一杆旗、五里一牌坊，形成了一道步步登天、雄伟壮观的朝天序列。它包括岱庙、泰山东路、岱顶、泰山西路，环山路一带。主要景点有：

岱庙，俗称泰庙、东岳庙。位于泰安城中，是供奉泰山神和历代帝王来泰

山登封告祭，举行大典的地方。据记载："泰即作畤，汉亦起宫"，至宋代宣和年间发展成为一组形制宏伟的建筑群。建筑布局以南北为纵轴线，分为东、中、西三轴。东轴前后设汉柏院、东御座、花园，汉柏院有汉武帝所植古柏五株，今仍古拙茂盛；西轴前后有唐槐院、环咏亭院、雨花道际；中轴前后建有正阳门、配天门、仁安门、天贶殿、后寝宫、厚载门。天贶殿是中国古代三大宫殿式建筑之一，殿内三面墙壁上的《泰山神启跸回銮图》，技法精湛，堪称艺术珍品。岱庙布局严谨，殿宇壮观，碑碣林立，古柏参天，城堞高筑，角楼隅起，总面积96 439平方米，是全国重点文物保护单位。

岱宗坊，是古时泰山的山门，建于明代隆庆年间（1567—1572），清代雍正八年（1730年）重建。该坊为四柱三门式全石结构，巍峨庄严。

经石峪，又称石经峪、晒经台。此处有东南向石坪数亩，刻有南北朝时北齐人所书《金刚经》部分经文，其字径50厘米，书法遒劲苍古，丰润雄深，兼有篆、行、楷、草，被誉为"大字鼻祖""榜书之宗"。原有2500余字，经长年风蚀雨刷，现存1069字。

中天门，又称二天门，位于泰山东西路交会处，正是登山路程的一半。在此北望岱顶，十八盘如云中天梯，对松山虚若绿雾，南天门如神阙仙阁，隐约于白云之间。回首来路，登山盘道在绿峰翠峦之间蜿蜒，远处汶水如带。

南天门，位于泰山中轴线端，与十八盘连为一体，享有"天门云梯"之誉，是泰山雄伟的象征。该建筑分为上下两层，下为拱形门洞，上为摩空阁，造型古朴雄伟，俨然天庭门户。

碧霞祠，在岱顶天街东首，总面积3900平方米，是岱顶最大最完整的古建筑群。该祠结构严谨，布局紧凑，因山就势，拦截天街盘路，游人穿越庙内前院，方能见到泰山极顶全貌。祠分前后两院，山门内的5间正殿，上覆盖的瓦、鸱吻、檐、铃均为铜铸；有瓦360垄，象征着旧历一年360天。大殿内碧霞元君铜像，是明代万历年间铸就，虽年代久远，仍富丽堂皇。

玉皇顶，又称天柱峰，是泰山极顶，因建有玉皇观而得名。院内正殿3间，祀玉皇大帝。东有观日亭，可观赏旭日东升，西有望河亭，可远望黄河金带，极顶居中，围以石栏，标刻泰山的海拔高度1545米。"古登封台"和"天左一柱"等石刻肃列两旁。门外一石碑，高6米，宽1.2米，厚0.9米，形制古朴，称"无字碑"，郭沫若曾赋诗"摩抚碑无字，回思汉武年"。

黑龙潭，在泰山西路的长寿桥南。西溪从长寿桥下潺潺南行，不远处，河床突然陡峻，形成东、北、西三个绝壁，俗称百丈崖，崖下有一深潭，即黑龙潭。盛夏雨后，崖畔云雾缭绕，百丈崖上悬挂三个巨大瀑布，气势磅礴，声若惊雷，人称"云龙三现"。西溪一带，无论是艳阳高照，还是大雨如注，景色都各有千秋。

普照寺，位于泰山凌汉峰下。寺名取"佛光普照"之意，传为六朝时创建，主殿"大雄宝殿"端庄威严，内祀释迦牟尼及西天诸佛。殿前银杏双挺，势如横空翠屏；两株油松对立，若织若棚。殿后有一六朝古松，已逾千年，今仍枝劲叶茂，风华不减。松旁为筛月亭，后有摩空阁，东西各有一院，内有奇花异石，青竹婆娑，别有情趣。著名爱国将领冯玉祥先生曾两次隐居于此，现辟为冯玉祥先生纪念馆。

王母池，唐代称为瑶池。创建年代久远。魏曹植《仙人篇》曾提到"东过王母庐"，现存多为明清建筑。王母池依山傍水，高下相间，玲珑紧凑。两进院落，前院为王母池，池西有王母泉，泉水清冽，"古者帝王升封，咸憩此水"。上方是王母殿，祀王母铜像。东有观澜亭，可仰观虎山飞瀑，俯察中溪流湍。后院正殿祀吕洞宾等七真彩塑。院内古木参天，清幽绝俗。

天烛峰景区　位于岱顶之阴，包括后石坞、九龙岗、姊妹松、大小天烛峰等名胜。此处受第四纪冰川的地质作用，青峰突兀，怪石林立，美松挂岩，泉溪争鸣，洞坞藏秀，旷远清幽，自古以奇松、怪石二绝取胜，素有泰山"奥绝"之称，是泰山自然生态保存最为完整的区域。

后石坞，此处绝壁深壑，松盖山川，山风吹来，犹如龙吟虎啸，狂涛惊澜。始建于明万历年间（1573 — 1619）的元君庙背山面壑，庙后峭壁下黄花洞，传为元君修真处，洞顶有灵异泉，冬来滴水成冰，次年夏至不化，终年不竭不盈，叮咚成韵。有诗曰："洞内黄花冽清泉，六月寒冰坚玉摧。"石坞松涛，盛夏冰洞并列为泰山十大自然奇观。

后石坞东为天烛峪，此处峡谷万丈，溪水飞流，深潭叠瀑，云深林茂，在谷口北侧有两根高百米不等的巨石柱，从谷底豁然拔起，直插云天，似两支欲燃的蜡烛，故名大、小天烛峰，峰端一松傲然挺立，为俊俏的天烛峰又添了几分风韵。天烛峪谷口，有近年新建的四柱三门式"天烛胜境"石坊赫然矗立，古朴大方。

桃花峪景区　位于泰山西麓，由一条长达 10 千米的桃花溪贯穿始终，因旧时桃林满谷，每到春季，落英缤纷，红花饰涧而得名。桃花峪美在原始，秀在自然，妙在神工。它融秀峰、林海、奇石、飞瀑、流泉、溪水于一体，近抱青翠，远收黛绿，青山蓝天相接相映，松影云涛互连互和，绿谷中霞光四射，翠峰上白云缭绕，景色旖旎、秀丽、幽雅、奇峻，有"泰山小江南"之美誉。著名的景点有"清泉石上流，彩带水中漂"的五彩石溪，翠石铺底、花斑漫布、纹路清晰、色彩生动，亦为泰山十大自然景观之一；五峰叠翠，五座山峰依次相连，秀美万状。此外，由于桃花溪水清澈明净，甘醇滑润，桃花峪环境幽静绝尘，被列为我国五大名鱼之一的泰山赤鳞鱼，就生长在这里。

玉泉寺景区　位于泰山北麓 20 千米处，这里山高峪深，环境幽静。主要景点为玉泉寺，俗称佛爷寺，创建于南北朝时期，复建于 1993 年。寺院北依山峦，南屏翠峰，前临深峪。院内大雄宝殿飞角翘檐，高居露台，院中唐代植银杏数株，粗达两围，高及 20 余米，十分雄壮。玉泉在寺东，水色碧黛，大旱不涸。东西山腰处有天然足印，俗称"大佛脚"。寺后高坡之上有一株古松，树冠荫蔽大片山冈，被誉为"一亩松"。

樱桃园景区　位于傲徕峰之西，东临曲曲深涧，西靠绵绵横岭，北依峨峨拔山，南有宽阔石河。清代同治年间，山麓王庄鲁泮藻携其子，在此凿岩辟拓，构筑室宇，植樱桃，栽竹荷，遂成旷远幽清的避暑山庄，鲁氏自题"樱桃精舍"，俗称鲁氏别墅。如今樱桃遍山，翠竹遍岗，山茶飘香，渠水环流，精舍遗址仍在，是旅游避暑胜地。

灵岩景区　灵岩是泰山十二支脉之一，位于岱顶西北 20 千米。因东晋时郎公来此讲经而得名。《高僧传》："听者千人，石为之点头，众以告，公曰：'此山灵也，为我解化。'遂率众开山建寺，予名灵岩山，寺称灵岩寺。"该景区包括灵岩山、录岩寺、墓塔林、红门、一线天、郎公石、明孔山等名胜。

灵岩寺，创建于东晋，北魏灭佛时，寺尽毁，后经唐宋等历代重修。寺内建有千佛殿、御书阁、辟支塔、五花殿等。千佛殿内 40 尊宋代罗汉彩塑，形态逼真，栩栩如生，被梁启超誉为"海内第一名塑"。千佛殿西侧辟支塔高耸入云，秀拔雄伟，置身其上，可充分体味"辟支灵塔冠层峦"的高旷气势。寺外西侧有我国第二墓塔林。灵岩寺是泰山历史最早的寺院，被唐代德宗时宰相李吉甫誉为"城中四绝"之一。明代文学家王世贞说"游泰山不游灵岩不成游也"。

千佛山

千佛山风景区位于山东省济南市市区南部山区，规划面积7.2平方千米，包括千佛山、佛慧山、罗袁寺山、平顶山、羊头山、燕子山、金鸡岭7座山岭，是济南市区内最大的山岳公园。

风景区内山势雄伟，深谷幽洞，古木苍劲，泉水溪流，自然景观十分秀丽，人文景观非常丰富，有北魏的摩崖石刻，隋唐以来修建的庙宇，以及文人题刻等，是古今游览的胜地。整个风景区划分为五大景区。

千佛山景区 千佛山古称历山，主峰海拔279米，相传上古舜帝曾耕于山下，又称"舜耕山"。隋代开皇年间，随山势凿窟，镌刻佛像多尊，并建"千佛寺"，自此，"千佛山"便成正名。这里山势峻秀，树多林密，碧岩丹谷，危崖悬翠，黄花点布，草绿花香，登峰顶可揽全城风貌。位于山腰的"兴国禅寺"是唐代贞观年间重修千佛寺并改名的。寺院南侧为千佛崖，这里危崖峻峭，岩壁上有许多隋唐的石刻雕像，石壁下有龙泉洞、黔类洞；寺院东南隅的平台上建有"对华亭"；其东侧为"历山院"，院内有"舜祠"和"鲁班祠""一览亭"等，人坐亭内，可观赏市北侧"鹊华秋色""黄河远帆"等景色。"齐烟九点坊"于清代道光二十五年（1845年）建于山腰石阶上，由此北望，市区北部的9座孤山被黄河玉带所穿绕，犹如一幅横亘古城北境的长卷画，自齐烟九点坊向下有一唐槐亭，其西侧的国槐相传唐将秦琼曾拴马于此，人称"秦琼拴马槐"。山脚下大佛旁的人防山洞被整修为"万佛洞"，内集仿敦煌莫高窟、龙门石窟、麦积山、云岗四大名窟的佛像。樱花园则为一新建景点，是密林之中的花园。新建索道让游人从空中一览胜景。千佛山有九九重阳节山会，自元代以来，每年九月九，各地游人到此拜佛，登高赏菊。

千佛山东麓是辛亥革命烈士陵园，翠柏环抱，环境幽静。

开元寺景区 主峰佛慧山，海拔459.9米。沿盘谷山涧曲折而上，山涧尽

处，两山会合之间，有一开阔平地，三面峭壁削立，松柏四面笼罩，此地即是著名的开元寺遗址。开元寺始建于唐代开元年间，宋代景祐年间重修，原名佛慧寺，后改为开元寺，在三面峭壁之上存有隋、唐、宋、元等各代名人的题刻和石刻佛像，在一巨佛之下有一山洞，水从岩石流下，即为"甘露泉"，水味清纯甘洌。由此向上，在佛慧山主峰之下，有一佛龛，上刻"大雄宝殿"四个苍劲浑厚的大字，龛内依山造有一尊佛头部像，为北宋景祐三年（1036年）所镌刻，高7.8米，宽5.35米，俗称"大佛头"，气韵生动，雄伟壮观，堪称济南冠首。龛北面还有北宋年间刻的浮雕塔，有很高的研究价值。其上为主峰，仰望山势峭拔，峰峦突起，绝顶一峰，势如插天，名曰"文笔"。

黄石崖景区 黄石崖位于主峰罗袁寺顶西侧，崖壁在此凹进，山石呈黄色，故名黄石崖。崖前有一天然岩石，叫"一步登天"台；古人随山就形，在石壁上留下佛龛19个，佛像85尊以及一些侍者、飞天，并有自北魏孝明帝到宋代宣和年间题记11处，隋代以后石刻39处。崖下有敛泉；另外，东侧有天梯和险径飞云等自然景点。

平顶山景区 平顶山翠柏如屏，山体狭长，山脊平坦，山上有乾坤洞，幽深森然；琵琶泉水叮咚，是一处游憩探幽的好去处。

金鸡岭景区 金鸡岭位于风景区南部，犹如一道绿色的屏风将市区与景区隔开，鸡鸣关以其陡峭把市区的喧闹封在风景区之外，还风景区以自然、幽静。

第二章

西北地区

秦始皇陵

秦始皇陵位于西安市以东35千米的临潼区境内。秦王政元年（公元前246年）即开始修陵园，到公元前208年完工，历时39年。当时的丞相李斯是陵墓的设计者，由大将军章邯监工。共征集了72万人力，动用修陵人数最多时近于80万，几乎相当于修建胡夫金字塔人数的8倍。

陵园仿照秦国都城咸阳的布局建造，大体呈回字形，陵墓周围筑有内外两重城垣，陵园内城垣周长3870米，外城垣周长6210米。陵区内目前探明的大型地面建筑为寝殿、便殿、园寺吏舍等遗址。据史载，秦始皇陵陵区分陵园区和从葬区两部分。陵园占地近8平方千米，建外、内城两重，封土呈四方锥形。秦始皇陵的封土形成了三级阶梯，状呈覆斗，底部近似方型，底面积约25万平方米，高115米，但由于经历两千多年的风雨侵蚀和人为破坏，现封土底面积约为12万平方米，高度为87米，整座陵区总面积为56.25平方千米。建筑材料是从湖北、四川等地运来的。为了防止河流冲刷陵墓，秦始皇还下令将南北向的水流改成东西向。

陵园的南部有一个土冢，高43米。筑有内外两道夯土城墙，内城周长3890米，外城周长6249米，分别象征皇城和宫城。在内城和外城之间，考古工作者发现了葬马坑、陶俑坑、珍禽异兽坑，以及陵外的人殉坑、马厩坑、刑徒坑和修陵人员的墓室。已发现的墓坑有400多座。

秦始皇兵马俑坑是秦始皇陵的陪葬坑，位于陵园东侧1500米处。1974年3月，在陵东的西杨村村民抗旱打井时，在陵墓以东1.5千米的下和村和五垃村之间，发现规模宏大的秦始皇陵兵马俑坑，经考古工作者的发掘，揭开了埋葬于地下2000多年前的秦俑的神秘面纱。

秦始皇兵马俑陪葬坑坐西向东，3个坑呈品字形排列。最早发现的是一号俑坑，呈长方形，东西长230米，南北宽62米，深约5米，总面积14 260平方米，四面有斜坡门道，左右两侧又各有一个兵马俑坑，现称二号坑和三号坑。

秦始皇兵马俑坑布局合理，结构奇特，在深5米左右的坑底，每隔3米架起一道东西向的承重墙，兵马俑排列在墙间空当的过洞中。在一号坑中已发掘出武士俑500余件，战车6乘，驾车马24匹，还有青铜剑、吴钩、矛、箭、弩机、铜戟等实战用的青铜兵器和铁器。俑坑东端有210个与人等高的陶武士俑，面部神态、服式、发型各不相同，个个栩栩如生，形态逼真，排成3列横队，每列70人，其中除3个领队身着铠甲外，其余均穿短褐，腿扎裹腿，线履系带，免盔束发，挽弓挎箭，手执弩机，似待命出发的前锋部队。其后，是6000个铠甲俑组成的主体部队，个个手执3米左右长矛、戈、戟等长兵器，同35乘驷马战车间隔在11条东西向的过洞里，排成38路纵队。南北两侧和两端，各有一列武士俑，似为卫队，以防侧尾受袭。这支队伍阵容齐整，装备完备，威风凛凛，气壮山河，是秦始皇当年浩荡大军的艺术再现，具有强烈的艺术感染力。

二号坑位于一号坑的东北侧和三号坑的东侧，呈曲尺形方阵，东西长96米，南北宽为84米，总面积约为6000平方米。坑内建筑与一号坑相同，但布阵更为复杂，兵种更为齐全，是3个坑中最为壮观的军阵。二号坑建有1.7万平方米的陈列大厅，是目前我国规模最大、功能最齐全的现代化遗址陈列厅。

从两个坑的布局和阵法看，这种编组方法在兵书上叫做"大阵包小阵，大营包小营，偶落钩连，折曲相对"。《孙膑兵法》说："在骑与战者，分为三，

一在于右，一在于左，易则多其车，险则多其骑，反则广其弩。"三者有机结合，才能百战不殆。

从秦俑坑出土兵器的刻记年号看，兵马俑从葬坑是秦始皇统一中国前后修建的。秦始皇死后，秦二世胡亥继位，继续大修阿房宫和驰道，赋税徭役比以前更为繁重，从而引起农民大起义。在这种形式下，三号坑中途中断，四号坑未及时放兵马俑，就匆匆填死了。

天台山

宝鸡天台山风景名胜区是国家重点风景名胜区，位于陕西省宝鸡市，秦岭山脉北麓。

天台山展现了秦岭雄伟博大的气魄。最高峰天柱峰海拔 2198 米。天台山树木覆盖率在 90％以上，莽莽林海，绿波荡漾，林木蔽日，"偶闻松涛声，却是万籁静"，神秘莫测。天台山的千余种植物汇成茫茫林海，群峰巨石隐现于苍松翠柏之中，组成一幅幅图画：春季山明水秀，野花烂漫；夏日风云变幻，绿涛奔涌；秋天万紫千红，硕果累累；冬时连绵群山，银装素裹。

天台山风景名胜区分为 5 个景区。漾峪沟景区：以漾峪沟炎帝出生地为中心，辅以神农泉、姜炎圣母庙和茹家庄古遗址等展现久远的古代文明。烧香台景区：以烧香台为中心，包括伯阳山、猴娃石、玄关和十二湾等景点。杨家滩景区：以杨家滩缓坡谷地为中心，包括白马关、千尺崖、跃马涧、东西湖及荞

麦山。莲花顶景区：包括天台山庙区、老君顶、观景点、莲花顶、天柱峰、系马桩、人头峰等景点。鸡峰山景区：有宝鸡祠、庙王崖、老母顶、灵官池和燃灯寺等景点。以上各景区面积总计124平方千米，位于海拔798～2198米的秦岭褶皱山系，气势博大，山体雄伟、陡峻，山脊突兀、延绵，多嵯峨山峰；水系丰富，河流湍急，多溪泉瀑布；四季分明，光照充足；森林密布，物种丰富，自然地理景观独具特色。

尤其可贵的是，天台山地灵人杰，是中华民族始祖炎帝神农氏的出生地，有7千年前的仰韶文化遗址；是享誉海内外的"青铜器之乡"；有中国最早的刻石"石鼓文"，道家始祖老子的讲经台，以及"明修栈道，暗度陈仓"的古栈道。壁立千仞，架空飞阁。孕育着天台山的神秘感和多彩性。

凤翔东湖

凤翔东湖风景名胜区是省级风景名胜区，位于陕西省凤翔县。

凤翔是先秦古都雍城所在地，在历史上曾经长期作为道、府、州、郡驻地，是关中西部重镇。城东东湖湖水从城外风头泉引来，东西分流，如凤凰展翅飞翔，城因此得名。

凤翔东湖在凤翔县城东门外，分内外两湖，面积140平方千米。内湖是宋代著名文学家苏轼任凤翔府判官时重疏，已有900多年历史；外湖是清光绪年间凤翔知府开凿，统称东湖。自宋代以来历代兴建有许多园林建筑，湖光亭台，交相辉映，是关中著名的湖山园林，也是北方园林的优秀代表。

现在的东湖，湖水碧绿，柳树苍翠，亭台楼阁星罗棋布，石桥萦回多姿。湖内有游艇，可供游人乘坐，饱览湖光山色。沿芳草萋萋的小路，见上写"古饮凤池"大字的墙壁，踏着迂回的石桥，便依次可以游览断桥亭、君子亭、小娇亭、春风亭、鸳鸯亭、惠景堂等。湖西南角有两层古式高峻建筑——望苏亭。湖东还有洗砚亭、一览亭和来雨轩。

喜雨亭在东湖北岸，小巧玲珑，四角微翘，亭亭玉立，富有诗意。此亭落成之时，正巧凤翔久旱遇三场雨，丰收有望，于是苏轼命名喜雨亭，并写了《喜雨亭记》以作纪念。此文淋漓尽致地描写了雨后人们喜悦之情，亭子也随之而出名。

凤翔博物馆在内湖，原为三公祠（周公、召公和太公）和苏公祠旧址，陈列有大量的诗文石刻和其他历史文物，其中尤以苏轼自赞刻石最为著名。

药王山

药王山风景名胜区位于陕西省铜川市耀州区，是省级风景名胜区。

药王山在耀县城东，距西安约 100 千米，唐代称磐玉山，后因大医学家孙思邈曾在此隐居，为了纪念他，便称此山为药王山，宋至清，有时也称五台山。

药王山是由瑞应、起云、升仙、显化、齐天 5 个山峰组成的山岭，五山对峙，顶如平台，与长安县的南五台遥遥相对，所以又称北五台。最高峰海拔 812 米，山上古柏葱茏，庙宇层层，是关中渭北的名胜之一。

孙思邈（581—682），耀县人，是唐代杰出的医学家，他少时因病学医，博涉经史百家著作，总结了唐以前临床经验和医学理论，著有《千金要方》和《千金翼方》等医学名著，因其医术高超、医德高尚、以医济人、不慕名利，被人们群众尊为"药王"。自唐代以来，宋元明清历代都为孙思邈修建庙宇，现存宋元明清建筑近 200 间。

药王大殿位于药王山显化台上，建于明代。整个建筑群依山而建，亭台楼阁如在空中，雕梁画栋，碑石林立，树木丛荫，环境古雅。穿过几道石牌坊，登石阶 172 级，进入大殿。大殿坐北向南，高 22 米，长 57 米，宽 24 米，规模宏大，巍峨壮观。殿当中有孙思邈彩色泥塑巨像一尊，是明代巧匠塑制，高约 3 米，相貌温和端庄。像的背后有石洞名药王洞，相传孙思邈曾隐居于此。大殿的配殿内有我国古代扁鹊、张仲景、华佗等十大名医的塑像。正殿前东边有碑亭一座，亭中树立碑石多通。碑上刻有大量药方和保健知识，长期来不断为人们拓印和传抄。碑亭东是孙思邈医学著作陈列室。药王大殿外，有两个大石坑，深约两米，人称"洗药池"，相传是孙思邈当年洗药用的池子。池水清绿凉爽，民间认为可以治病。洗药池西边，就是著名的耀县碑林，有许多珍稀的南北朝时期的石碑。

大殿东边 200 余米处，有药王山摩崖造像，其中有隋唐石窟 7 龛，北魏至唐代造像多通。

升仙台在大殿以南，台上有"静应庙"，也叫"静明宫""南庵"，是渭北闻名的道教宫观。明代以前，这里也朝拜药王。相传这里还有孙思邈亲手所植的 5 棵古柏。

敦煌莫高窟

莫高窟位于甘肃敦煌市东南 25 千米处，开凿在鸣沙山东麓断崖上。据莫高窟的碑文记载，前秦苻坚建元二年（公元 366 年），有位叫乐尊的僧人云游到鸣沙山东麓脚下，此时，太阳西下，夕阳照射在对面的三危山上，他举目观看，忽然间他看见山顶上金光万道，仿佛有千万尊佛在金光中闪烁，又好像香音神在金光中飘舞，一心修行的乐尊被这奇妙的佛光景象感动了，他认为这就是佛光显现，此地是佛祖的圣地。

于是乐尊顶礼膜拜，决心在这里拜佛修行，便请来工匠，在悬崖峭壁上开凿了第一个洞窟。此后，佛门弟子、达官贵人、商贾百姓、善男信女都来这里捐资开窟，在 4 世纪至 14 世纪 1000 多年的历史长河中，朝拜者络绎不绝，经久不衰。

莫高窟俗称千佛洞，并不是指有 1000 个佛或 1000 个洞窟，佛语泛指有许许多多的佛和洞窟。

清光绪二十六年（1900 年），当敦煌莫高窟道士王圆录清理第十六窟甬道的积沙时，奇迹便发生了：忽地一声巨响，山裂一条缝，出现了藏经洞。藏经洞共出土宗教文献、传统四部文献、语言学文献、文学文献、民俗学文献、史学文献、地理学文献等古人写本共 5 万多册。时间跨度长达 5 个多世纪。莫高窟藏经洞的出土文献与此前后出土的殷墟甲骨文、汉晋木简、明清档案被并称为 20 世纪中国史学"四大发现"。

光绪三十三年（1907 年）三至五月，英国人斯坦因至莫高窟，以 4 块马蹄银（共重 200 两）骗买写卷印本古籍 24 箱，佛画、织绣品等 5 箱。三十四年三至五月，法国东方学家伯希和来到敦煌，以白银五百两骗买写本、印本、经卷、文书、佛画等 6000 卷，并拍摄莫高窟照片 376 幅。宣统二年（1910 年）清廷学部获悉敦煌石室文物流散消息后，命令甘肃藩司将剩余经卷运京保管，这时王道士又私藏若干。同年前后，于数十洞窟凿通道，使各洞相通连，大量壁画遭破坏。

莫高窟虽然在漫长的岁月中受到大自然的侵袭和人为的破坏，至今保留有从十六国、北魏、西魏、北周、隋、唐、五代、宋、西夏、元 10 个朝代的洞 492 个，壁画 45 000 多平方米，彩塑像两千身，是世界现存佛教艺术最伟大的宝库。

鸣沙山—月牙泉

鸣沙山—月牙泉风景名胜区是国家重点风景名胜区，位于甘肃省河西走廊西端的敦煌市。

敦煌是古代"丝绸之路"上的名城重镇。自汉武帝元鼎六年（公元前111年）建县以来，这里不仅是开拓疆土、经营西域的前哨阵地，而且是通向中亚、西亚乃至欧洲的国际交通枢纽。在中西交流的悠久历史长河中，中国古老的传统文化和印度、波斯、希腊等外来文化，在敦煌这块特殊的地理环境中彼此交流，互相融和，创造了世界瞩目的"敦煌文化"，为人类留下了众多的文化遗产。它不仅有震惊世界的人类文化瑰宝莫高窟，还有大漠孤烟、海市蜃楼、雅丹地貌、边塞亭障、古道驼铃、清泉绿洲等多姿多彩的自然风貌。古往今来，以"沙漠奇观"著称于世，被誉为"塞外风光之一绝"。它和鸣沙山东麓的莫高窟艺术景观融为一体，是敦煌城南一脉相连的"二绝"。

敦煌是座"大漠万物聚珍区"。这里地貌奇特，景观万千，形成了幅员广大、内涵丰富的大漠旅游区。以市区为中心辐射出三条旅游线，即莫高窟石窟艺术东线游；鸣沙山—月牙泉风景名胜南线游；阳关、玉门关古战场西线游。这些人文景观与自然风光融为一体，从而形成了风靡世界的"敦煌热"。

鸣沙山 鸣沙山位距城南5千米，因沙动有声而得名。山为流沙积成，沙分红、黄、绿、白、黑五色，故称"五色沙"。见于史书记载的历史已近两千年。汉代称沙角山，又名神沙山，东晋始称鸣沙山。其山西起党河峡谷隐形卧佛山，东止莫高窟，东西绵亘40余千米，南北宽20余千米，主峰海拔1715米。沙垄相衔，盘桓回环。"峰峦陡峭，山脊如刃；马践人驰，殷殷有声；轻若丝竹，重如雷鸣"。人登山顶向下滑，沙随足落，经宿复初，此种景观实属世界所罕见。早在唐代就有诗赞咏："传道神沙异，寒暄也自鸣，势拟天鼓动，殷似地雷惊。风削棱还峻，人跻刃不平，更寻梓井处，时见白龙行。"其沙响之谜至今还未解开。

月牙泉 处于鸣沙环抱之中，因其形酷似一弯新月而得名。古称沙井，又名药泉。一度讹传渥洼池，清代正名月牙泉。面积 13.2 亩，平均水深 4.2 米。水质甘洌，澄清如镜，铁鱼鼓浪，星草含芒。千百年来沙山环泉，泉映沙山，犹如一块光洁晶莹的翡翠，镶嵌在沙山深谷中，"风挟沙而飞响，泉映月而无尘"。流沙与泉水之间仅十数米，但虽遇烈风而泉不被流沙所掩埋，地处戈壁沙漠而泉水不浊不涸，这种山泉共处、沙水共生的独特地貌，确为"天下奇观"。历代文人赞誉说："晴空万里蔚蓝天，美绝人寰月牙泉，银山四面山环抱，一池清水绿漪涟。""灵泉一泓号月牙，碧流琉净无纤瑕，林木倒影碧波尽，恍似丹桂枝横斜"。

鸣沙山和月牙泉是大漠戈壁中一对孪生姐妹，"山以灵而故鸣，水以神而益秀"，确有"鸣沙山怡性，月牙泉洗心"之感。

莫高窟 俗称千佛洞，开凿在敦煌城东南 25 千米的鸣沙山东麓的砾岩上。洞窟之排列，犹如蜂巢镶嵌在蜿蜒的悬崖上。栈道曲折，楼台高耸，显示出佛教圣地的威严和肃穆。据唐代碑文记载，它始建于前秦建元二年（336 年），历代修建不绝，到唐武则天时代，洞窟已近一千余龛。这些石窟在漫长的岁月中，虽然受到大自然的侵蚀和人为的破坏，但至今仍保存较为完整的洞窟 494 个。里面珍藏着历代壁画 45 000 多平方米，彩塑 2400 多身，还有唐、宋木构建筑 5 座。莫高窟的艺术是融建筑、彩塑、壁画为一体的综合艺术。它是我国也是世界上现存规模宏大、保存最完整的佛教艺术宝库。1991 年被联合国教科文组织授予"世界文化遗产"证书。

莫高窟的塑像均为泥质彩塑。有单身像和群像，少则 3 身，多则 11 身，最大者 33 米，小者 10 厘米。佛像中心两侧侍立弟子、菩萨、天王、力士等。这些栩栩如生的塑像，凝结着古代劳动人民的血汗和智慧，展示了古代优秀艺术匠师惊人的创造力。

莫高窟的壁画，按它自身的长度展开排列，可组成一个高 1 米、长 25 千米的艺术长廊。壁画按内容大致可分为：经变画、故事画、尊像画、供养人画像、装饰图案等。这些规模宏大数量惊人的宗教艺术画，为我们研究古代社会，弘扬民族文化提供了重要依据。

20 世纪初，在莫高窟 17 号洞窟中发现的敦煌遗书，更是震惊世界的重大发现。洞窟藏有从 4 世纪到 10 世纪近 10 个朝代的各种历史文书、文物 5 万多件。内容除大量佛、道、儒家经典外，还有史籍、医药、历法、契据、信札以及雕版印本、绢画、刺绣等。这些珍贵的文物不仅对我国古代文化的补遗、校勘有很高的价值，而且为了解研究我国古代政治、经济、军事、文化、艺术、宗教、科学、民族历史以及中外友好往来等情况提供了材料。近几十年来，国内外学者对这批历史文物和敦煌艺术进行不断研究，形成了一门专门学科"敦煌学"。

两关遗址 两关指阳关和玉门关。阳关位于敦煌城西南 70 千米；玉门关位于敦煌城西 90 千米。两关南北相距 60 余千米，成掎角之势。两关是汉武帝为抗击匈奴，联络西域，加强对河西走廊的控制而设立的，是古代"丝绸之路"的咽喉要地，汉代曾设都尉驻守。

阳关因在玉门关之南而得名。关城遗址现已荡然无存，目前仅剩一座被称为"阳关耳目"的汉代烽火台。登台远望关外茫茫的阳关大道，使人浮想"劝君更尽一杯酒，西出阳关无故人"的唐诗名句，更增添了阳关的魅力。玉门关，相传古代西域的和田美玉经此输入中原，故而得名。关城遗址至今保存基本完整。城堡东西长 24 米，南北宽 26.4 米，残高 9.7 米，面积 633 平方米，全为黄胶土版筑而成，开西、北二门。登城北眺，汉长城自东逶迤向西，横亘于平沙莽野之中，犹如龙游瀚海。长城内侧高峻处，座座烽火台遥相呼应，使人顿增古道肃穆之感。

两关自汉魏至唐代，犹如西域交通线上的一对雄狮，扼踞要塞，虎视丝路，迎来送往一批又一批的使者、商旅和僧俗人等，曾经为中西文化的交流和中华民族的繁荣，建立过不朽的功勋。

西夏王陵

西夏王陵风景名胜区是国家重点风景名胜区，位于宁夏回族自治区银川平原西部。风景区由滚钟口、西夏王陵、拜寺口和三关古长城四个景区组成。

西夏王朝建都银川，贺兰山当时即被当做皇家林苑。山上建有"离宫""避暑宫"等皇家宫殿和皇家寺院。贺兰山绝壁千仞，松林如海，极目东望，银川平原黄河如带，阡陌纵横，沟渠如网，稻谷飘香，一派"塞上江南"景色。以规模宏伟的西夏王陵古墓群为代表的西夏文物古迹，是研究西夏文化历史的宝贵资源。

西夏王陵　西夏王陵在银川西约 30 千米处的贺兰山东麓的三关口，分布于沿山南北约 10 千米，东西约 4 千米的缓坡地带，方圆 40 平方千米。

西夏自李元昊称帝（1038 年）至 1227 年被成吉思汗灭亡，共传 10 世，前后 190 年。若连同李元昊的祖父和父亲，则共为 12 世，共 250 余年。这里有西夏王陵 9 座（现存 8 座），陪葬墓 70 余座。因最后三王正当败亡之际，故未能建造陵墓。每座陵占地 10 万平方米以上，自成一体。每个陵园都是一个单独的完整建筑群体，形制大体相同，由地上陵园和地下墓室两部分组成。陵墓形式古朴而又充满了神秘感。

所有王墓皆平地营建，坐北向南。陵园四角建有角楼，标志陵园界至。由南向北依次是门阙、碑亭、外城、内城、献殿、灵台，四周有城墙围绕，内城四面开门。每个陵园占地面积均在 10 万平方米以上。其外形虽和中原的方形王陵不同，但墓外建筑的格式和墓内的布局却很类似。它有我国古代西部民族的特点，也和中原文化有直接关系。

1972—1975 年发掘其中的一座，编号为 8 号王墓。墓道长 49 米，为斜坡台阶式，前狭后宽的方形墓室，两侧各有一配室。墓室深达 25 米多，墓未用砖砌，属土洞墓形式。墓室由于多次被盗，随葬品遗留甚少。仅从一些金饰、镏

金银饰、竹雕、铜甲片、珍珠、瓷器碎片等看来，随葬品当十分丰富。

已发掘的 3 座陪葬墓，有阶梯或斜坡墓道，墓室为方形土洞，普遍以铁牛、石马殉葬。

西夏陵园在明代以前被掘被毁，地面建筑只剩遗址，但仍保存着大量的建筑材料和西夏文、汉文残碎碑刻。西夏陵园仿唐代陵，特别是北宋诸陵的形制，对研究西夏文化和汉文化的关系有重大价值。

小滚钟口 俗称小口子，位于银川西 35 千米的贺兰山东麓。口内三面环山，面东开口，形如大钟。钟铃山位于景区中央，似钟之铃锤，故此得名滚钟口。这里早在西夏时期就是有名的避暑胜地。明清以来，景区内大兴土木，修建寺庙。清光绪年间，曾在主沟内兴建了以贺兰庙为主体的庙宇寺院，以及庙院楼阁寺塔数 10 处。

滚钟口内山峦起伏，岩峻石峭，巍峨壮丽。有名的笔架山三峰矗立，形似笔架。山巅建有望海亭，可西望绿色林海，东眺银川平原。景区北部的大寺沟蜿蜒曲折，树木葱茏，怪石奇特，泉水清澈。大寺沟尽头有许多寺庙遗址。现存寺庙分布在主沟，多为清代所建。这些寺庙依山而建，高低错落，布局得体。

拜寺口双塔位于银川西北 45 千米的贺兰山拜寺口内。因沟口曾建有寺院而得名。建有双塔，东西对峙，相距仅百米。相传是为了尊仰释迦牟尼和多宝如来而建的。两塔结构大致相同，塔身砖砌，8 角 13 层密檐式，均高 40 多米。塔身各层壁龛中塑有佛像，装饰华丽。尤其是砖雕造型奇特，为古塔中所少见。两塔之间，原有佛寺，都已废圮。在双塔西边的山坡上，还有大片的佛寺遗址，据考证应是西夏贺兰山的佛教寺院遗址，规模比较宏大。塔和寺可能始建于西夏。

距沟口 2.5 千米处有一山峰名"殿台子"，其东西各有一处平地，俗称东、西花园，相传是西夏国开国皇帝李元昊的游玩之地。

拜寺沟方塔 在拜寺沟，离沟口约 10 千米。塔被绿树簇拥，雄伟挺拔。方塔是一座密檐实心砖塔，由 11 个逐渐缩小的正方形塔层组成塔体，层次分明协调。塔顶残毁，通高约 30 米。塔西原有寺庙建筑。方塔的建筑年代不详，但从所用砖来看，具有明代青砖的特征，估计塔当修于明代。拜寺沟内奇峰异石，林木葱郁，山泉潺潺，风光旖旎。

大水口西夏遗址位于银川市西北约 70 千米的贺兰山东麓。在沟口两岸的贺兰山东麓，有依山势用石块垒砌建筑台地数 10 处，南北绵延，长达 5 千米。沟口北岸有 3 组建筑台地。这些台地每层台前均以石块砌成直壁，两侧或正中有石砌可踏步登临，并有沿山曲径相通。沟口南岸有建筑台地 10 余处，高出山下地面 5 米至 10 余米。这些台地，南北联属，大小不一。沟南、沟北山脚下的平地上，又有以双行块石垒砌成排列有序的房基数 10 处，平面呈长方形。

三关位于风景区最南部与内蒙古自治区的交界处，原为明代所建西长城最北端一处著名关口。西长城从甘肃靖远进入宁夏中卫县，逾河东北上贺兰山，长 200～250 千米。沿线有胜金关、赤木关等几处重要关隘。

天山天池

天山池风景名胜区是国家重点风景名胜区，位于新疆维吾尔自治区阜康市，是个以高山湖泊、雪岭杉林、冰山雪峰为景观的天然风景区，总面积380.69平方千米。

天池在乌鲁木齐以东115千米处的博格达冰峰的半山腰。博格达冰峰海拔高达5445米，为天山第二高峰，冰雪终年不化。博格达雪峰主峰的左右又有两峰毗连，三峰并起，突兀高耸，直插云霄。峰顶的冰川积雪，终年闪烁着皑皑银光。银峰与白云一起倒映于天池晶蓝澄碧的湖水之中，构成了绰约多姿的高山平湖景观。

天池海拔1980米，面积5平方千米，水深105米，湖水晶莹，周围雪峰环绕，满山松杉，风景如画，古称"瑶池"。中国古代神话传说中，瑶池是西王母娘娘居住的地方，她曾在此宴请诸天神，举行"蟠桃大会"，许多古籍中均有描述，尤其是《西游记》中孙悟空扰乱"蟠桃大会"的故事更是脍炙人口。传说周天子曾骑着日行三万里的八骏马西游来此，西王母宴请了他，并作歌赠别。

天池历史上除称瑶池外，还曾叫过"海子""龙潭""神池"，现天池渠口竖一石碑，上书清乾隆四十八年乌鲁木齐都统明亮题《灵山天池疏凿水渠碑记》："……始臻绝顶，见神池浩淼，如天镜浮空，……""天池"之名，是"天镜""神池"二词分别取头留尾组合而成。

天池是一座天然的高山冰蚀、冰碛湖，是古代冰川泥石流堵塞河谷后，四周雪峰上消融的雪水源源不断地汇入其中而成。天池湖面，长3500米，最宽处1500米，状若葫芦，又似半月；天池南面，连绵的群山突然中断，形成一个缺口，湖水由此沿着峡谷，随山势延伸，蜿蜒曲折，似乎一直伸到了天山腹地深处。湖周围，层峦叠翠，云杉如海。湖滨绿草如茵，凉亭、水榭、巨石、别墅，错落有致。翘首望南山，博格达峰横空出世，高耸入云，山头白雪皑皑，峰间冰川晶莹，一派银装素裹。湖水没有污染，纯净清澈碧透，宛如一面巨大明镜，倒映出天光、冰峰、云影，色彩鲜明，对比强烈，形成一幅赏心悦目的高山平湖图。

天池湖水来自博格达冰峰，清冽纯净。湖中生长着冷水性无鳞鱼，黑脊白肚，肉极鲜嫩。夏天的天池，是著名的避暑胜地、美丽的"山岳公园"。这里气候凉爽，清风拂面，群山峻岭之中天池如镜，流光溢彩。冬天的天池，是世界一流的高山冰场。因湖水来自天山融雪，极少受污染，所以雪质纯，滑度好，加上气候、地理条件十分理想，景色诱人，吸引着无数冰上体育健儿。

离天池约 2 千米的盘山路西侧，有座圆形碧绿的水潭，清澈透底，潭径 30 余米。这是西小天池，相传是西王母洗脚的地方，当夜暮降临，皓月当空时，山峰、树影倒映潭中，倍觉幽深，形成了"龙潭碧月"胜景。

天池东北坝外半山坳里有一直径约 150 米的碧水潭，潭边有一岩石平面势如刀削，出水口水流从悬崖跃落直垂谷底，飞瀑垂帘。此处人称"东小天池"，亦称"悬泉飞瀑"，环境更为幽静。

在天池附近的山林里还生长着许多奇特耐寒的动植物。天山羚羊、马鹿、棕熊、野猪出没林间，成群的雪鸡飞鸣而过，黄嘴白肚花翅膀的水鸭掠水漫游。松林里遍地生长着鲜美的蘑菇，还有党参、黄芪、贝母等名贵药材。人称天池是"聚宝盆"，实在当之无愧。

库木塔格沙漠

库木塔格沙漠风景名胜区是国家重点风景名胜区，位于新疆维吾尔自治区吐鲁番地区鄯善县，面积1880平方千米。

库木塔格沙漠是吐鲁番断陷盆地中心的一个断块隆起，由于所处地理位置特殊，受周围地形、环境和局部气流的影响，形成了类型丰富的风沙地貌。以大漠自然风光为主，风沙地貌类型齐全，有沙窝地、蜂窝沙地、平沙地、波状沙丘地、多小丘沙地和戈壁滩等多种类型的沙漠景观。景区内沙丘轮廓清晰、层次分明、丘脊线平滑流畅。红柳、骆驼刺等沙生植物点缀其间。沙漠的日出、日落十分壮观。沙漠北缘的沙河是绿洲与沙漠也是城市与沙漠的分界线。由于主景区地处古丝绸之路要道和古鄯国的边缘，在其周边地区分布着众多的历史文化遗迹。当地的民族风情也十分浓郁。

在鄯善，与万里长城、南北大运河一起被誉为我国古代三大工程的坎儿井，是各民族人民的伟大创造，是绿洲的生命之源。为防止干旱地区地表水分的过

分蒸发，先辈们想出一个聪明的办法，即从雪山引来融化雪水，再从地下深处挖井，让其顺山坡走势从地下流过，到低洼处自然涌出，以此方式来实施灌溉。这样的坎儿井在鄯善县共有 418 条，它们仍然为饮水、浇灌发挥着巨大的作用。

东大寺位于鄯善县东巴扎乡，是当地回民做礼拜的场所，享有极高的声誉。东大寺始建于本世纪初，占地一万多平方米，院内几株老榆树依然是枝繁叶茂。寺分敞廊、大厅、通道和后堂几部分，建筑于高出地面一米的"凸"型夯土台基上，各部分主次分明、错落有致、浑然一体。具有中国古代传统建筑形式，粉墙青瓦，其上雕梁画栋，装饰精美。大厅长、宽各为 12 米，高 9.5 米。厅里光线幽暗，两侧山墙上各有花棂格木圆窗两个，泻漏着斑驳的日影。地上铺满了信徒们进献的做工极其精美的刺绣地毯，森严气氛弥漫在四周。

千佛洞位于鄯善县山峪沟，极具考察和观赏价值。它始凿于晋代，延续于唐代，是吐鲁番地区现存的高昌时期最早、最大、最有代表性的石窟群。洞窟密度大、种类较多，有礼拜寺、僧房、讲经堂和禅房等。千佛洞在 20 世纪初遭到严重破坏，仅从现存的洞窟中隐约可见壁画、佛像和一些植物图案。其中壁画的题材多为因缘佛传图、立佛、千佛、七佛、禅僧和佛本生故事等，五官轮廓、裙裾飘带无不惟妙惟肖，呼之欲出，且较明显地具有中原北方地区石窟的某些做法。

新疆柏孜克里克千佛洞

柏孜克里克，维语"山腰"之意，突厥语为"装饰绘画"之意。柏孜克里克千佛洞，又叫宁戎窟寺，坐落在吐鲁番市东45千米火焰山中段木头沟河谷西岸的悬崖上，南距高昌15千米。

共有洞窟83个，现存57个，其中有壁画的40多个，总面积达1200平方米，是吐鲁番现存石窟中洞窟最多、壁画内容最丰富的石窟群。

柏孜克里克千佛洞，始凿于南北朝后期，历经唐、五代、宋、元长达7个世纪的漫长岁月，一直是高昌地区的佛教中心。

回鹘高昌是石窟群最繁华的时期，至公元13世纪末，由于高昌王室东迁甘肃永昌，伊斯兰教传入吐鲁番，使得当地的佛教渐衰，千佛洞也随之败落。

洞窟内的壁画反映出古代回鹘画既和敦煌壁画一样大量地运用富于变化的手法，又发扬了新疆传统的凹凸晕染法技艺，是中国古代绘画艺术的珍品。

洞窟中数量最多、最富特色的是以大型立佛为中心的《佛本行经》故事画。

第三章

青藏地区

纳木错—念青唐古拉山

　　纳木错—念青唐古拉山风景名胜区是国家级风景名胜区，规划总面积 8941 平方千米，景区拥有世界上海拔最高的高原咸水湖、念青唐古拉雪山和现代冰川遗迹，以及独特的高原生态系统下大量的野生动植物资源。具有完整而特殊的地质构造和生态系统，全球稀有的高原代表性气候。独特的地理位置和自然风貌也孕育出藏民族独特神秘的传统文化和民俗文化。

　　念青唐古拉山位于中国西藏自治区，属断块山。西接岗库卡耻山脉，东南延伸与横断山脉伯舒拉岭相接，中部略为向北凸出，同时将西藏划分成藏北、藏南、藏东南三大区域。东西长约 600 千米，终年白雪皑皑，云雾缭绕。西北侧为藏北大湖区，其中最大的是纳木错。拉萨市位于山脉东南侧。在拉萨市与纳木错之间，有三峰并峙，主峰念青唐古拉峰海拔 7162 米，山岭陡峻。东段波密县、察隅县一带的河谷下降到海拔 2000～3000 米，形成高山深谷。当地降水量大，有利于冰川发育，是海洋性季风冰川区。察隅县北部的阿扎冰川位于海拔 6610 米的若尼峰，峰上雪线不过 4600 米，冰川延伸 20 千米，末端下降到 2500 米，穿行于森林带中，形成蓝白两水相互交融的雪域奇观，是雅鲁藏布江与怒江的分水岭。

　　纳木错是在距今 200 万年以前地壳构造运动陷落的基础上，加上冰川活动的影响形成的，是世界上海拔最高、且面积超过 1000 平方千米的湖，是中国第二大咸水湖。位于拉萨以北当雄县和榜额县之间，在念青唐古拉山主峰以北，湖面海拔 4718 米，湖的形状近似长方形，面积 1920 多平方千米，湖水最大深度 125 米。纳木错是西藏三大神湖之一，也是藏传佛教的著名圣地，"纳木错"一词是藏语，而这个湖的蒙古语名称为"腾格里海"，两种名称都是"天湖"之意。纳木错东南部是直插云霄、终年积雪的念青唐古拉山的主峰，北侧是和缓连绵的高原丘陵，广阔的草原绕湖四周。湖水靠念青唐古拉山的冰雪融化补给，沿湖有不少大小溪流注入，湖水清澈透明，水天相融，天湖像一面巨大宝镜，镶嵌在藏北的草原上。湛蓝的天、碧蓝的湖、白雪、绿草、牧民的牛毛帐篷及五颜六色的山花，交相辉映浑然一体，组成一幅大自然美丽、动人的画面。纳木错的湖水含盐量高，流域范围内野生动物资源丰富，湖滨平原牧草良好，是天然的牧场。

　　每到藏历羊年，僧人信徒还有环绕纳木灵湖朝拜、转湖念经的风俗。纳木错的形状像静卧的金刚度母，湖的南面有乌龟梁、孔雀梁等18道梁，湖的北面有黄鸭岛、鹏鸟岛等18个岛，湖的四面建有4座寺庙，即东有扎西多波切寺，南有古尔琼白玛寺，西有多加寺，北有恰妥寺，象征着佛教上所说的愠、怒、权、势。湖中5个岛屿兀立于万顷碧波之中，佛教徒们传说它们是五方佛的化身。此外还有5个半岛从不同的方位凸入水域，岛上纷杂林立着无数石柱、奇异的石峰和幽静的岩洞。

唐古拉山—怒江源

唐古拉山—怒江源风景名胜区是国家级风景名胜区，位于安多县境内，总面积约为5900平方千米。由于地理位置和独特的自然条件，景区包括了羌塘草原、大陆性冰川、雪山、大河源头、高原地热等自然景观，和一批体现高原民族与恶劣气候抗争并和谐共处的人文景观。景区峰险谷深、水流湍急、雄奇壮观，动植物资源丰富珍稀。

"唐古拉"是藏语，意为"高原上的山"，是在5000米的高原上耸起来的山脉，东段是西藏与青海的界山，东南与横断山脉相接。唐古拉山山脉高度在6000米左右，最高峰各拉丹冬海拔6621米，唐古拉山（峰名）6099米，它与喀喇昆仑山脉相连，在蒙语中意为"雄鹰飞不过去的高山"。山体宽约150千米，主峰格拉丹冬是长江正源沱沱河和通天河的发源地。现在还有小规模更新世冰川残留，刃脊、角峰、冰川地形普遍，中更世形成的冰川比今天的大约28倍，准平原面上可形成小片冰盖，它的两坡冰川堆积物厚达800米以上。冰川消融后，山地就急速上升。两侧则承受更多的泥沙石砾，发生地层下陷，形成

近东西走向的湖区并喷出温泉。山坡上形成喀斯特地形。南坡比北坡的冰川少。唐古拉山是怒江和长江的发源地。气温低，有多年冻土分布，青藏公路经此。植被以高寒草原为主，混生有垫状植物。

怒江源出青藏高原的唐古拉山南麓，上游叫黑水河，藏名叫"那曲"。怒江两岸，东边是怒山（又名碧罗雪山），西边是高黎贡山，许多山峰海拔超过4000米，峰顶积雪皑皑，而怒江河床海拔仅800米左右，河谷与山巅高差3000~4000米，山高、谷深，水流声如怒吼，故名怒江。怒江大峡谷不仅可以漂流探险，两岸还有许多飞瀑流泉，蕴藏着丰富的动植物资源，景色雄奇壮观。

风景区是珍稀动植物的家园，有着国家一级保护动物藏羚羊、野驴、野牦牛、黑颈鹤等，以及雪莲花、虫草等具有很高药用价值的植物。

风景区内羌塘草原上的藏族一直保持着古代羌族的游牧传统，逐水草而居，保持着游牧民族的观念、信仰、风俗、习惯，以及游牧族群的社会结构、等级制度和价值体系等。

乐山大佛

　　乐山大佛位于峨眉山东 31 千米的乐山市。依凌云山栖霞峰临江峭壁凿造而成，又名凌云大佛，为弥勒坐像，是乐山最著名的景观。

　　乐山大佛开凿于唐玄宗开元初年（公元 713 年），历时 90 年大佛终告完成。传说中的乐山大佛开凿的发起人为海通禅师，他本是贵州人，离乡别家，来到乐山凌云山下当和尚，见民众饱受洪水之害，便立志开凿一尊大佛来镇住水妖。

　　为了筹集资金，海通禅师四处化缘，积少成多，20 年过去了，可谓历尽艰难，终于解决了经费问题。开凿之日，老百姓兴奋地赶来看热闹，但地方官吏却趁机刁难，声称要收取建造和保护费方可开工。海通禅师十分气愤，斩钉截铁地说："你们可以拿走我的眼珠，但不能拿走佛财！"地方官吏面带嘲弄的神色说："你要真给我们眼珠，我们就不要你的佛财！"海通禅师马上拿出尖刀，自剜其目，用盘接住，捧到官吏面前。地方官吏大吃一惊，吓得赶紧逃离现场。

海通禅师忍住剧痛，一挥手，大佛立刻开凿。海通禅师死后，他的徒弟们领着工匠继续修造，经过 90 年的努力，一座头与山齐，足踏大江，双手抚膝，通高 71 米的大佛终于耸立在岷江、大渡河、青衣江汇流之处，为世人所瞩目。

乐山大佛像高 71 米，是世界最高的大佛。大佛头长 14.7 米，头宽 10 米，肩宽 24 米，耳长 7 米，耳内可并立二人，脚背宽 8.5 米，可坐百余人，素有"佛是一座山，山是一尊佛"之称。

乐山大佛具有一套设计巧妙、隐而不见的排水系统，对保护大佛起到了重要的作用。在大佛头部共 18 层螺髻中，第 4 层、第 9 层和第 18 层各有一条横向排水沟，分别用锤灰垒砌修饰而成，远望看不出。衣领和衣纹皱折也有排水沟，正胸左侧也有水沟并与右臂后侧水沟相连。两耳背后靠山崖处，有洞穴左右相通；胸部背侧两端各有一洞，但互未凿通，孔壁湿润，底部积水，洞口不断有水淌出，因而大佛胸部约有 2 米宽的浸水带。这些水沟和洞穴，组成了科学的排水、隔湿和通风系统，防止了大佛的侵蚀性风化。

四川黄龙

黄龙风景名胜区位于四川省阿坝藏族羌族自治州松潘县境内。海拔在3000米以上，是中国最高的风景名胜区之一。风景区由黄龙景区和牟尼沟景区两部分组成，面积700平方千米。

公元前约2600年，黄帝之子昌意娶蜀山氏（蚕丛氏）之女为妻，这是最早有文字记载的岷山上游的历史。公元前约2200年，出生在岷江上游的禹率领氐羌部落从岷江江源起步，开始疏导岷江，部分氐羌人由游牧转向农耕。黄龙名字的由来，竟和大禹治水有关。据《松潘县志》载："禹治水至茂州，黄龙负舟，助禹导水，自茂州而止，始有蜗江……后黄龙修道成仙而去，遗五色山水于世。世人建寺，岁岁朝拜。"

黄龙沟尽头五彩池旁的黄龙古寺为明兵马使马朝觐建，亦名雪山寺，相传黄龙真人养道于此，故得此名。有前中后三寺，殿阁相望，各距2.5千米。前寺现仅存遗址。中寺共5殿，现存观音殿及殿内10座罗汉塑像，正殿塑有身披玄色道袍、神态安详的黄龙真人坐像。甚至有人凭借形象上的雷同而断言，之所以有黄龙的奇观，原是黄龙真人在羽化升仙前日日磨豆浆，豆浆溢满顺山势而下，长年累月结得的仙缘。

九寨沟

古时候，有大山之神，主管草木万物，名"比央朵明热巴"，该神有9个女儿，个个美貌贤惠、勤劳、善良，然而神则恨女难成大器，又害怕女儿们嫁人而去，自己孤身难待来日，于是便于水晶般大岩中，选出秀丽舒适的楼阁庭院，锁女于其中，不让她们外出。

姑娘们虽深感父爱，但又想走出楼阁看看世界。父亲不允许，她们左右为难，叹山门难出，思来想去，决计变为蜜蜂随父进出。大姐首先实施了这个计划，附于父体，化为蜂，学得父亲开、关山门的方法，一天便趁父亲外出领众妹妹化为彩蝶出山门翔于蓝天。

时值正午，姑娘们来到十二山峰上空，看见地上沟谷纵横，毒烟四起，生灵涂炭。细寻，见清流被污染，人民饮水而病、亡，鸟兽亦遭其害。9位姑娘访得一病危老妈妈，老妈妈劝姑娘快快离开此地，因为有妖魔叫"蛇魔扎"，言欲收杀10万生灵，方能得道成仙，天下无敌，溪流中全为妖魔所投毒物。

姑娘们听了此话，黄人明白阿爸近日愁颜的原因，便问老妈妈："如此妖魔，比央朵明热巴为何不管？"老妈妈言道："他呀，几次都白给妖魔了。"

姑娘们共同商量灭妖大计，并请教舅舅，舅舅交给她们"万宝金针"，说只要把金针筒对着妖魔叫声你们阿妈的名字，万根金针就会刺破妖魔的眼珠和心脏；若还不行，你们再连叫三声我的名字，我即来协助你们。妖魔死后，你

们将这绿宝石串珠撒向 12 座山峰，便会使山沟翠绿一片。

姑娘们记牢舅舅的话，回到山峰脚下，战败了蛇魔扎。后来，9 个姑娘分别嫁给了 9 个强壮的藏族青年，他们分别住在 9 个藏族村寨里。于是，后人便称此地为九寨沟。九寨沟传说甚多，这是其一。

明代弘治元年《湖广岳州府志》最早描写过百仗峡景观："百丈崖，一名百丈峡，在（慈利）县西一百六十里，九溪卫西南七十里。山崖对峙，高逾百丈，中有小峡，长三十里。流泉峻急，古木槎牙。峡畔有路，永定最险。"民国《慈利县志》对百丈峡以北的山水称道："万石笋立，高秀入云，石并赭赤，弥漫皆遍，连峰高卑，闯眼突兀，寄甲天下。中为闸口关，明代旧戍也，是为九溪四关之一。"清嘉庆《慈利县志》又载："闸口关在九溪卫西南，两崖壁立，本系一山，中劈一径，两旁如削，通茅岗、桑植二司及西南二十四司。"今查明闸口关在索溪峪土家族乡军地坪村，与原朝阳寺仅一水相隔。民国《慈利县志》又载："（百丈）峡，袤三十里，两岸岈合，县界中分。西崖飞壁有'百丈峡'三字，字径丈许，悬崖万仞，大书深刻，疑为鬼工。"

清代乾隆举人庄以宽编纂《永定县志》时，把金鞭岩、百丈峡概括为"层岩涌塔"和"危峡啼猿"，列入永定八景，并写道："青岩山，其前五山并立，层峙如浮图。中一峰最峻拔，上插宵汉，晴辉雪积，最擅奇观。"

青海湖

青海湖风景名胜区是国家重点风景名胜区，位于青海省东北部，是以湖泊为主体，兼有草原、雪山、沙漠等景观的高原湖泊风景区。著名的唐蕃古道（唐代长安至吐蕃逻些城）以及丝路辅道在此留存许多历史文化遗址。

青海湖位于青海省东北部，因湖水蔚蓝而得名，面积达4301平方千米，是我国最大的咸水湖，也是青海省名称的由来和象征。历史上，青海湖曾有鲜水、西海、羌海、青海之名。1929年青海省成立后，才由青海定名为青海湖。

青海湖湖面略呈椭圆形，环湖周长360千米。青海地处青海高原，湖面海拔3193米，平均水深21米，含盐度为千分之六。这里地域辽阔，草原广袤，河流众多，水草丰美。湖的四周被大通山、日月山、青海南山、橡皮山4座高山所环拥。从山下到湖畔则是苍茫无际的千里草原。青海湖正是具有高原湖泊那种空阔、粗犷、质朴、沉静的特征。青海湖的美是原始的美，不雕琢的自然之美。夏秋之际，湖畔山青草绿，水秀云高，景色十分绮丽。水天一色的青海湖蔚蓝似海洋，它蓝得纯净、深湛、温柔、典雅。冬季，牧草一片金黄，浩渺的湖面冰封玉砌。

青海湖有两个子湖，即东南岸的耳海和东北岸的尕海。湖中分布着5个美丽的小岛：海心山、鸟岛、沙岛、蛋岛和石岛，其中海心山和鸟岛都是著名的游览胜地。

海心山 在青海湖中心偏南，故名"海心"。高出湖面约76米，面积约1平方千米。四望湖水茫茫，岛由花岗岩、片麻岩等组成，上覆红色黏土，林木葱茏，风光旖旎，恍若仙境。

海心山有许多传说典故。历史上海心山被称为龙驹岛，是北朝时吐谷浑放养"日行千里"的"龙驹"的地方。传说海心山还是神佛移来压泉眼的石山。

鸟岛 位于青海湖的西北部布哈河三角洲上，面积0.8平方千米，状似蝌

87

蚪，因多鸟而得名，是青海湖最著名的景点。

鸟岛是群鸟聚会之所，数以十万计的各种候鸟一年一度来此欢度盛夏，成为青海湖的一大奇观绝景。春天，斑头雁、鱼鸥、棕头鸥、鸬鹚等成群结队从南方飞来，鸟群此起彼落，把整个小岛遮盖得严严实实。到了产卵季节，群鸟筑巢垒窝，全岛铺满了密密麻麻的鸟蛋，俯拾皆是。经过20多个昼夜的孵化，雏鸟相继出壳，叽叽喳喳，全岛一片生机。当雏鸟羽毛渐丰，双亲带着它们到处去游荡、觅食。到9月、10月间，群鸟纷纷向南飞迁。

日月山 在青海湖东湟源县，海拔3489米。因土色发红，古称赤岭。相传唐代为了与吐蕃和亲，文成公主进藏，经过此地时，将日月宝镜置于此地，故以此得名。

日月山是一条重要的地理分界线，山东西景象完全不同：以东为农业区，阡陌纵横，河湟谷地是全省的产粮地区；以西为牧业区，草原辽阔，干旱少雨。

历史上，这里也是汉族政权和少数民族政权的分界线。日月山在唐代，是大唐与吐蕃交往的"唐蕃古道"的要地。现在进入西藏的青藏公路也从此经过。1984年在青藏公路日月山口修建了日月亭，陈列唐蕃分界碑等文物和青藏公路修路纪念碑。

第四章

南 方 地 区

衡　山

　　衡山又称南岳，位于湖南省衡阳市。衡山可考证的历史可以上溯到5000多年前。这里曾是黄帝、舜帝狩猎祭祀的地方。大禹治水经过此处，筑清冷宫（祝圣寺）祭祀舜。关于其名称的由来，据有关史料记载，是按中国古代的星宿学和五行学推算而来。按星宿划分，因此山上承轸宿玉衡星，所以叫衡山。依五行方位，传说此处为炎帝所居，南方属火，故称南岳。又有"长沙一星在轸中，主长寿"。所以南岳又名"寿岳"。俗话说："福如东海长流水，寿比南山不老松。"其中所说的"南山"其实也就是指南岳衡山了。

　　衡山处处是茂林修竹，终年翠绿；奇花异草，四时飘香，自然景色十分秀丽，因而又有"南岳独秀"的美称。清人魏源在《衡岳吟》中说："恒山如行，岱（泰）山如坐，华山如立，嵩山如卧，惟有南岳独如飞。"

　　山上寺庙很多，著名的有福严寺、南台寺、藏经殿、方广寺。福严寺规模很大，称为"南山第一古刹"，寺中有一株1400余年的银杏树，树干粗壮，枝叶茂盛。南台寺建于六朝，到现在已有1400多年。日本佛教曹洞宗视南台寺为祖庭。藏经殿因明太祖赐大藏经一部存放于此，故名藏经殿。其周围层峦叠翠，古木参天，景色秀丽，附近有摇钱树、同根生、连理枝等奇树以及允春亭、梳妆台、钓鱼台等古迹。

张家界

　　张家界早先并不叫张家界，叫青岩山。那时，青岩山上也没有张姓人家。为什么后来又叫张家界呢？这事还得从关于汉留侯张良的一个传说说起。

　　汉高祖刘邦平定天下后，滥杀功臣。留侯张良想起淮阴侯韩信死前讲的那些话："狡兔死，走狗烹；飞鸟尽，良弓藏；敌国破，谋臣亡。"决定隐居起来，他一路辗转登上青岩山。青岩山别有天地，正是张良要寻求的"世外仙境"！从此，他便在这里隐居下来，修行学道，并留下了一脉张氏子孙。张良为了让青岩山山水更美，曾在青岩山南侧植了7棵银杏树。这7棵银杏树长得又高又粗，就像7把巨伞，撑在半山腰。

　　许多年后，一个叫张万冲的朝廷官吏，带着妻室儿女上青岩山游玩。当他看见这7棵银杏树，顿起邪心，想以这7棵树为界，把青岩山这块神奇的土地圈为己有。于是，他请来一名雕刻匠，要他在每一棵树上雕刻一个大字，这雕匠刻呀、雕呀，雕了七七四十九天，才刻成了7个大字："指挥使张万冲界"。

　　有一天，猎户张家雄进山打猎，恰从7棵银杏树下路过。他见每棵树上都流着黄水，如泪人一般。张家雄最初感到惊奇，不知道银杏树为什么会流泪，后来他看到了"指挥使张万冲界"7个大字。便用猎刀将"万冲"二字，改成了"家雄"。

　　张万冲得知后气急败坏，他调来了300亲兵，把青岩山一带围得水泄不通。

他四处抓人，八方搜山，捉不到张家雄，就在寨民头上出气。他把寨民赶到银杏树下，扬言要用大家的血染红那7个大字。正危机时，只见树上闪光，树叶吐云，树枝嘶叫，树干上突地喷出7股桶粗的黄水，直朝着张万冲的人马射来！霎时，狂涛巨浪，铺天盖地，把张万冲300兵马一起卷进金鞭溪去了。接着有人发话："此山本是天造地设，人间仙境，哪能容得下张万冲这个不肖子孙横行！吾神已令白果仙人将他葬入海底。此地现归张氏共同所有，永世永代生息！"说罢，他将拂尘往银杏树上一指，只见7棵银杏树上立即现出了"人间仙境张家界"7个金灿灿的大字。

众人抬头一看，只见那仙人一副书生模样，头挽高髻，身穿麻衣，鹤须童颜。人群中有几个懂学问的老者，一见大惊，说："那不是跟赤松子大仙同游天门山、青岩山的张良公？"众人听了，便一齐伏地礼拜。那仙人轻甩衣袖，笑盈盈地隐入茫茫云海。

因为张良仙人在银杏树上赐写"人间仙境张家界"7个金字，此后，人们便把青岩山叫做"张家界"。

武陵源

　　武陵源风景名胜区是国家重点风景名胜区，位于湖南省张家界市，由张家界、索溪峪、天子山、杨家界等景区组成，面积 360 平方千米。

　　武陵源属峰林地貌，以未经人工雕琢的美丽山水为特色。它以神奇峻峭的砂岩峰林，神秘莫测的深谷幽境，封闭多姿、艳丽多彩的岩溶洞窟，清澈幽静的溪涧流泉，古老幽深的原始森林，至今人迹未涉的神秘禁区，美丽动人的神话传说等，而被誉为"世上绝景""天下奇观""人间仙境""美的世界""天下第一奇山""立体的山水画""扩大了的盆景，缩小了的仙山"等。这里峭壁绝岩，奇峰怪石，拔地而起，棱角分明，上锐下削，或上下相叠，甚至上大下小，挺拔巧饰。除造型奇特之外，还有各种美丽的颜色，有的金碧辉煌，有的紫色带绛，有的红黄相间，有的灰色透亮。几乎所有岩峰均身带五彩，争奇斗艳。岩峰之巅无土无水，却苍松葱郁，青藤悬垂。清泉、瀑布、深涧、幽溪，碧水长流，纯净明澈，浅滩、湍流、溪瀑、深潭，嵌缀在雄奇深邃之中。云烟中的武陵源，更是奇幻百出，景象万千。

　　武陵源又是森林的海洋，有古老而繁茂的原始森林。有香榧、银杏、红豆杉、白豆杉、水杉、黄山松等古老树种；被子植物中的珍品，如珙桐、银鹊、鹅掌楸等，这里不下数十种。奇花异葩，铺满每一座山寨。有中国鸽子花、长蕊杜鹃、龙虾花、凹叶厚朴花（山荷花）等。

　　武陵源珍禽异兽著名的有背水鸡、嘎嘎鸡、华南竹鸡、红腹锦鸡、长尾雉等，林中益鸟有红脚领隼、白颈鸦、啄木鸟、画眉、黄鹂、相思鸟、白头翁、八哥等数十种。兽类有猕猴、水獭、岩羊、黄麂、野猪、鼯鼠、云豹、穿山甲、麝、貉、獐等。

　　张家界又名青岩山，位于武陵源风景区的西南部，面积近 8 万平方千米，以岩称奇，奇峰林立，层出不穷，峰峰拔地，形态各异，其相对高度多在

100～200 米，或上锐下削，或上下相仿，挺拔和巧饰并陈，秀雅和高洁同在，悬崖石峰上，生长着许多葱茏的黄山松，远望恰似精雕细刻的盆景，给人以神秘莫测之感，有"奇奥甲天下"之称。

黄石寨又名黄狮寨。位于张家界宾馆北部 4 千米，是由悬岩峭壁托起的一块台地，海拔 1200 多米，是张家界景区最大的凌空观景台，顶部面积近 200 平方千米。黄石寨入自东天门，出由西天门，自古只有一条崎岖小道。上顶后，沿台缘各观景台，极目远望，千峰万壑，尽收眼底；春夏秋冬，阴晴雨雪，晨昏旦夕，各尽其妙。春有百花争艳，夏有凉风卷山，秋有红叶烂漫，冬有冰凌青松。阴雨天，远近沟谷，白雾翻腾；晴空下，群峰若柱，参差交涌，星罗棋布。

凌晨观日出，气势磅礴壮观。静夜赏星月，意境恬淡幽深。所以有"不到黄石寨，枉到张家界"之说。在黄石寨景区内可观看的景点有：笑罗汉、天书宝匣、猴头峰、定海神针、一口玉印、南天柱、南泉、雾海金龟、西天门、仙泉、天塔、龙头峰、手掌峰、海螺峰、金蟾伴月、天狗食月、鸳鸯泉等。

金鞭溪从林场场部到水绕四门，十里溪水，蜿蜒曲折，随山而移，纡曲穿行在峰峦幽谷之间，迤逦延伸于鸟语花香之中。金鞭溪两岸，不仅有千姿百态的奇峰怪石，嵯峨簇列，而且林木葳蕤，如一幽邃绿宫，到处翠微撩人。两岸世所罕见的中国鸽子花、龙虾花、山荷花……争奇斗艳，漫谷溢满山鸟的鸣啭，溪水清澈透亮又色彩斑斓，如同一幅山水长画轴。金鞭岩是张家界最著名的石峰之一，三面垂直如刀削，相对高度 350 多米，金光闪闪，直刺云天，传说它是当年秦始皇赶山填海留下的金鞭。在金鞭岩对面，矗立着嶙峋的巨石，由东向西倾斜，斜度在 10°左右，名叫"醉罗汉"。还有闺门倒映、神鹰护鞭、双石玉笋、劈山救母、紫草潭、跳鱼潭、迎宾峰、独峰孤猴、白沙泉、三楠抱石、石碑峰、千里相会、骆驼峰、张良墓、水绕四门、古战场等景点。

腰子寨位于金鞭岩饭店东北方向，西与黄石寨遥遥相对，海拔 1100 米。腰子寨四周皆悬崖绝壁，多数观景台如凌空附云，若抛掷一石块，简直如树叶飘飞，险绝令人不敢久留。站在峰台四顾，可见千峰耸立，那交织着蓝、黛、苍与紫红色的面面岩壁，布绕着纵横交错的节理条纹，俨然天工壁画。主要景点有天桥、老鹰嘴、万水千山、梭标岩、兔儿望月、天然壁画、镇妖七塔、马公亭等。

沙刀沟在金鞭溪中游两侧，两岸岩壁陡绝如劈，满洞古木参天，苍藤蒙络，荫翳蔽日，即便高空骄阳似火，这里也或如黄昏，或如月夜。沙刀沟北侧袁家界是一个以石灰岩为主构成的高大而又较平缓的山岳。四周多井泉、耕地。景点内有八仙山、童子拜观音、金骡洞、五女拜师、石塔斜影、天门初开、龙宫舞女、石蛙探幽、天下第一桥、天悬白练、双龟登天、醉景台、后花园等。

琵琶溪位于金鞭溪上游西岸，两岸岩峰嶙峋，林木丰茂如盖，溪流九曲八弯，且多跌宕，沿途溪水"叮咚"不息，如拨琵琶，故以此命名。景点有：夫妻岩、清风亭、钟馗岩、三姊妹峰、金鸡报晓、望郎峰、刺破青天、九重仙阁、雄狮回首、金凤展翅、龙凤庵、龙凤泉、朝天观等。

索溪峪位于武陵源的东部，山、湖、洞景观别具特色。宝峰湖波光激滟，波平如镜，湖内群峰倒映，白云飘飞；清清索溪像一条银色的绸带，穿来绕去，将千峰万壑紧紧缠绕在一起。

黄龙洞洞长逾 15 千米，总面积达 40 平方千米。有龙王宫、仙山堂、石琴山、天仙水、水晶宫、响水河、迷离宫七大景区。拿黄龙洞与外地的名洞大窟作比较，它有与众不同的地方。一是各观景区壮大雄伟，二是景物形态奇特，三是洞中藏河。黄龙洞中，石柱高近 30 米，粗达 9 米，雄壮无比。洞中的飞瀑高达 60 米。洞中的最长的河，长达 2000 米多，河面波光激滟，两岸石景生辉，别有情趣。

黄龙洞四层洞府，水陆并进，时合时分，形成一库（黄龙水库）、两河（响水河、水晶河）、三瀑（黄龙瀑、天水瀑、天池瀑）、四潭（千米长潭、水晶潭、黄龙潭、浴龙潭）、十三宫厅（龙舞厅、聚会坪、黄龙宫、石琴山、天柱街、花果山、仙人堂、天仙水、天池山、水晶外宫、水晶内宫、大雄宝殿、迷人宫）、万方池（天池、明珠池、玉液池、金花池、银花池以及天池山上难以计数的大小水池），它就像一座地下龙宫，珍奇满目，美不胜收。

十里画廊山清水秀，繁花似锦，百鸟争鸣，景物造型奇特：若人，若神，

若仙，似林，似禽，似兽的石英砂岩峰林在云雾中时隐时现，变化万千。早在明代就有人写下"人游山峡里，宛如画图中"等佳句。景观有：天门梯、十里画廊、山重水复、唐家山、仙棺岩、转阁楼、猛虎啸天、锦鼠观天、寿星迎宾、母子岩、海螺峰、夫妻岩、老人岩、众女拜观音、两面天神、天造宝刹、仙女洞、自生桥等。

百瀑溪原名矿洞溪，以瀑水为最佳景色。若遇雨季，千仞峭壁，万米长峡，到处都有数不清的瀑水垂挂。景点有：水绕四门、天子洲、万岁牌、笔架岩、龙椅岩、灯芯岩、金鸡报晓、鹰嘴岩、将军岩、轿顶山、"脚顶坛子"、升帜岩、万叠瀑、六月飘雪、南天飞雨、九天银河、百瀑溪等。

小索溪幽静雅秀，芬芳清新，以奇峰、瀑布、森林和猕猴为主。

西海水流清澈，林木掩映，峰回路转，峡谷曲折幽深，以奇峰异石而闻名。神堂湾四周绝壁，深不可测，人莫能入，游人到此隐约可闻人喊马嘶。景点有：西海、回音壁、棒槌峰、南天门、三女峰、天台、卧龙岭、神堂湾等。

天子山在武陵源区东北部，四周低，中间高，是峰林中心的高台地，总面积为9万余平方千米。由于它地势高，东南西三面都可观景，透视线长，画面宽阔，景观层次多。烟云缭绕的奇石危峰，如柱、如塔、如笋，低者数十米，高者数百米，雕镂百态。有一扇长达20多千米、高约千米的巨大岩壁，将所有的景物拥抱在怀里。在山腰海拔900多米的岩檐上，有一条弯曲而又平坦的游览小道。小道长达20多千米，沿途有69道岩湾，84个观景台，一道弯一番景色，一个台一片风光。有云雾、云海、云涛、云瀑和云彩等景象。群峰在无边无际的云海中时隐时现，仿佛置身于蓬莱仙境之中。月夜，峰林被朦胧月色披上了一层"魔纱"，似一群群魔影耸立在幽谷之中。耳闻禽兽呖呖的叫声，使人产生一种神秘感。

杨家界位于西部，与张家界接壤，由月亮垭、石河峪、石家峪等3个景区组成，总面积34 000平方千米。景区内奇峰异石，流泉飞瀑，猿声鹤唳，组成壮观、秀丽、神奇的风光，最奇绝的有白鹭聚会、龙泉瀑布和五色花。

岳阳楼—洞庭湖

岳阳楼—洞庭湖风景名胜区是国家重点风景名胜区，位于湖南省岳阳市，由5个景区两个景点组成，景区面积214.74平方千米，外围保护面积1460.93平方千米，总面积1675.67平方千米。

岳阳楼高踞岳阳古城西门之上，是我国江南三大名楼之一，历史悠久。东汉末年（219年），东吴孙权和刘备争夺荆州，在湖上操练水军，建造了阅军楼，这就是岳阳楼的前身，距今已有1700多年，多少才华横溢的风流名士登楼吟咏，孟浩然、李白、杜甫等均留下了许多名篇佳句。北宋范仲淹一篇《岳阳楼记》，有"先天下之忧而忧，后天下之乐而乐"的千古名句，名楼得名记，声名益彰。宋、元、明、清，历代有游人赋诗，不乏佳作。

岳阳风光之美，正如北宋范仲淹所描述的"在洞庭一湖，衔远山，吞长江，浩浩汤汤，横无际涯，朝晖夕阴，气象万千。"明代诗人魏允贞以"洞庭天下水，岳阳天下楼"之句大加赞誉，可谓灵心独绝。

洞庭湖是我国第二大淡水湖，南汇湘、资、沅、澧四水，北纳松滋、太平、藕池等水域，至城陵矶进入长江，东流大海。前人描述"潇湘八景"中的"洞庭秋月""远浦归帆""平沙落雁""渔村夕照"等都是洞庭湖的实景。早在两千多年前的战国时代，爱国诗人屈原在他的诗词中吟诵："袅袅兮秋风，洞庭波兮木叶下。"把洞庭湖描绘成神仙出没之所，用名花香草构造了一座五彩缤纷的水中宫殿，迎接一对年轻美貌的恋爱之神。屈原是来到洞庭湖的伟大诗人，开创了用诗词歌颂的先例，使浩瀚洞庭更加富有诗情画意。

岳阳楼景区 岳阳市洞庭路以西至沿湖岸线，是人文景观与自然景观融为一体的景区，面积7.63平方千米。

以楼为主体的岳阳楼景点，左有仙梅亭，右有三醉亭，临湖平台上有怀甫亭。主楼亭阁成"品"字形布局，花木环绕，衔山纳翠，水域倒影，上下掩

映。楼雄亭美，绰然生辉。按照"整旧如旧"的原则，进行落架大修，1984年4月竣工。岳阳楼纯木结构，盔式楼顶。一眼望去，重檐鳌突，藻井锁窗，雕梁画栋，丹桂彩楹，金碧辉煌。工艺精巧，造型优美，结构严整，浑然天成。

1993年完成小乔墓迁建，同年8月至1996年9月楼基加固全面竣工。石碑刻字165方，嵌于新建的诗书碑廊之中，1995年1月开放。碑刻之精，内涵之深，实为罕见。

文庙在市二中校园内，宋庆历六年（1046年），滕子京创建。原有泮池、回廊、状元桥，现存大成殿，占地548平方米，殿高16米，重檐歇山顶，距今900多年。1991年大修，重现了昔日的庄重风采。

鲁肃墓在现三五一七工厂东侧，距岳阳楼1千米。鲁肃卒于建安二十二年（217年），葬于此。墓堆高大，呈圆状，周围建石栏，墓前竖石碑，上刻"吴大夫鲁公肃墓"。墓顶有小六方亭，供人小憩。

慈氏塔位于市洞庭南路西侧，洞庭湖畔，始建于唐开元年间（713—741），现塔系北宋重建，为湖南现存最早的古塔建筑之一。塔高35米，占地46平方米，八角七级实心砖石结构。塔顶有铁刹相轮，每层塔檐为莲花瓣图案装饰，充分体现了唐代塔形建造风格。

君山景区 位于市区西南，东洞庭湖中，距岳阳市区水路15千米，所辖面积14.5平方千米。

君山岛面积0.96平方千米，其名源远流长，说法不一。《水经注》称"洞庭湖中有山，曰洞庭山""湘君之所游，故曰湘山"，二妃墓前引柱上刻着一副

对联："君妃二魄芳千古，山竹诸斑泪一人"，所以又叫"君山"，乃神仙洞府之意。

君山岛以其得天独厚的地理环境而名贯古今。登临远眺，佳木葱茏，群峰斗艳。"置重湖之浪巅，吴楚平分，盘湖作镇""立九派之争涌，揽一湖浩气"。看骇浪惊涛，使人荡胸灵气，披暮烟霞，悦目爽心。历代有许多动人故事流传民间。舜帝南巡，引来了娥皇、女英攀竹洒泪，致使今日斑竹萋萋；秦始皇逞一怒之恶，赭树封山，令人唾其暴虐；汉武帝浦口射蛟，声名震威，香山求仙酒，啼笑皆非；吕仙挥两袖云，才有"三过岳阳人不识，朗吟飞过洞庭湖"的诗句传颂。历代名人逸士游踪于此，无不为其钟灵毓秀而陶醉倾倒。

君山上古迹众多，各具特色。据《巴陵县志》载，有 48 庙、36 亭、5 井、4 台，清末和民国年间累遭兵燹，至建国时期仅存遗迹，从 1979 年建立公园时起陆续进行修复，柳毅井、传书亭、洒香亭、望湖亭、二妃墓、湘妃祠已是古貌新颜，新筑秋月桥、荷花池、侯园、龟园等。

封山印在龙口东侧石壁上。据《洞庭湖志》载，秦始皇南巡至君山，遇大风浊浪，问侍臣，曰："尧帝二女娥皇、女英寻夫虞帝未着，忧疾而死，葬于此山，封为湘水神，故作此患。秦王闻之大怒，罚刑徒三千，将山上树木砍伐后，放火烧山，并令在石壁上阴刻四颗大印，后人称封山印，意指湘水神不再为患，有释为'永封'者，也有作'封山'者。"

朗吟亭耸立在君山东南端山顶上。吕洞宾因屡试不第，64 岁时弃儒从道，浪迹江湖，成为八仙之一。郎吟亭传为吕仙赋诗，醉卧酣眠之处。此亭建于北宋年间，累遭兵燹。1980 年在原址新建，为 36 亭之魁。今日更是亭廊辉映，古香古色，引人入胜。

洞庭庙始建于唐，相传柳毅传书，救出龙女，龙王将三公主嫁柳，被婉言拒绝，龙女后巧扮渔家姑娘，终与柳喜结良缘，柳毅被封为洞庭龙王，建庙祀之。抗日战争期间被毁，民间草修，至 20 世纪 50 年代初倒塌殆尽。1995 年 4 月，在云梦亭东侧原址上修复，庙为二进，占地 3120 平方米，建筑面积 1200 平方米。

君山还有奇竹、银针茶、全鱼席，亦久负盛名。

南湖景区 集自然、人文景观、体育、水上娱乐、度假于一体的多功能景区，面积 28.27 平方千米。

南湖在城区南面，西连洞庭湖，水面 12 平方千米，沿湖岸线长 60 千米，终年碧波荡漾，幽静雅洁，港湾曲折，群峦起伏。相传秦始皇赶山填海至此，山岿然不动，一怒之下猛抽一鞭，赶山东端留下一条鞭痕。有"一龙赶九龟"的奇特风貌。湖中有 9 座小山，形状如龟，亦称九龟山。南有赶山，北有天灯嘴、牛轭石、刘山庙，山势突兀，分别向湖中延伸，宛如青龙戏水，各具雄姿。

木梓港是龙舟赛场，新建南湖不夜城、南湖宾馆等旅游度假设施。

南湖公园在姜家嘴，新建现代化花圃基地，年生产花卉 20 万盆（株），后又建赊月亭、颐寿亭，屹立湖畔，风景优美。

金鹗山位于市南湖大道西侧，面积 580 平方千米。相传古时有异鸟飞集其上，色黄若金而得名。群山起伏，秀峰高耸，为城池天然屏障，居高临下，可俯瞰全城风貌。今日金鹗山更为秀丽壮观，修建了望岳亭、玉兔亭、翠谷亭、荷香楼、孔子雕像，修复文昌阁、金鹗书院，面貌大为改观。

铁山景区 由铁山库区、大云山、相思山组成，面积 140.31 平方千米，是以人工湖泊为主体，山水相映增辉的景区。

铁山库区坝址铁山口，距岳阳市区 58 千米，水面 41.6 平方千米。在这个浩瀚的人工湖中有 147 个大小不等，形态各异的岛。山间有湖，湖中有山，幽深处森林峡谷与飘动的流云交织在一起，在阳光的辉映下闪着夺目的银光，漫山遍野开放着杜鹃花。

大云山盘旋 72 峰，有名胜景点 59 处，宫、观、殿、庙 28 座，近年修复祖殿、玉贞观、白云亭等景点。

汨罗江景区 位于汨罗市楚塘乡（屈子祠），距岳阳市区 87 千米，景区面积 12.96 平方千米。

屈子祠又称屈子庙，在汨罗江下游北岸玉笥山上。《拾遗记》载："楚人为之立祠，汉末犹在"。唐天宝七年（748 年），唐玄宗置长沙郡，敕建三闾大夫屈原祠，岁时致祭。乾隆二十一年（1756 年），知县陈钟理徙建玉笥山上，这就是现在的屈子祠，占地 1354 平方米，分前、中、后三进，前、中进分东、中、西三厅，两侧有丹池和花台，各有古银桂 1 株。厅、堂、池、廊、阁浑然一体，充分体现了清代建筑风格。附近有独星亭、离骚坛、濯缨桥、桃花洞、寿星台、剪刀池、绣花墩、望爷墩，谓之玉笥八景。

离骚阁为屈原碑林主体，高 12 米，占地 100 平方米。三重檐，飞椽翼角，三珠宝顶。阁中央竖碑,分段书写《离骚》全文。

天问坛为两级台阶式正方形建筑,坛中央耸立着屈原昂首天问塑像。

九章馆为仿古双层殿堂式,半台架,高10米,占地160平方米。

九歌台前为露天花岗石高台,后为厅堂,高5.5米,建筑面积70平方米。

招魂堂高7米,堂内四壁有《招魂》诗意浮雕,有独醒亭、思贤楼、仿古大门,有刻石300余方,较好地保存了原作风格。

屈原墓有12疑冢,面积1平方千米。

团湖景点位于岳阳市君山区广兴州镇,面积2.14平方千米,种植湘莲2000平方千米,定为外宾观荷区。

城陵矶景点,面积8.93平方千米。附近擂鼓台,传为楚庄王擂鼓督战之地,现仍可领略三江分流的壮丽景观。

黄鹤楼

　　黄鹤楼地处武昌蛇山黄鹄矶上。古往今来，众多文人志士在此留下了豪放激越的诗篇。那么，人们尽情吟咏的"黄鹤楼"因何得名呢？

　　黄鹤楼始建于三国时期东吴夺回荆州之后（公元223年）。最初建楼的目的是东吴为了防御蜀汉刘备的来犯，作为观察瞭望之用。历史上对于黄鹤楼有很多有趣的传说，其中流传最广的是，有一个姓辛的人家，在黄鹄矶上开了一个小酒馆，他心地善良，生意做得很好。一次酒家热情地招待了一个身着褴褛道袍的道士，并分文不收，而且一连几天都是如此。一天道士酒后用橘子皮在墙上画了一只黄鹤，尔后两手一拍，墙上的黄鹤竟跳到桌旁翩翩起舞。道士对这个姓辛的酒家说，画只黄鹤替你们招揽生意，以报酒家的款待之情。从此以后，来此饮酒观鹤的人越来越多，一连10年酒店生意兴隆，顾客盈门。酒家也因此一天天地富裕起来。酒家为了感谢道士，用10年来赚下的银两在黄鹄矶上修建了一座楼阁。起初人们称之为"辛氏楼"。后来，为了纪念道士和黄鹤改称"黄鹤楼"。

　　有人认为"黄鹤"应当是"黄鹄"的误传，黄鹤楼应当正名为"黄鹄楼"。理由是自然界从来没有发现过"黄鹤"，鹤的种类很多，全世界现存15种。在世界各国的鹤类中，从来没有发现过"黄鹤"，而在江汉地区一般多见的是"灰鹤"。另外，武昌蛇山上有一地名叫"黄鹄矶"，上边盖的楼自然叫"黄鹄楼"，就如岳阳楼地处岳阳一样。在我国古文中，鹤与鹄互为通用，于是由此演变而成"黄鹤楼"（黄鹄亦为天鹅）。

但大多数人认为，"黄鹤"就是神仙乘坐的仙鹤，凡世间没有才增加了神秘色彩。古代帝王都以黄色为富贵尊严之极致。《寰宇记》中记载：三国时期，有一位姓费的仙人，经常"乘黄鹤于此憩驾，故号为黄鹤楼"。自东汉以后，鹤与神仙相伴，成为仙鹤，号"蓬莱羽士"，身价百倍。唐朝著名诗人李白在黄鹤楼依依惜别友人孟浩然："故人西辞黄鹤楼，烟花三月下扬州。孤帆远影碧空尽，惟见长江天际流。"这首流诵千古的诗篇，感情真实，寓意深刻，后来人们把永不再现的事物又引申为"杳如黄鹤"。

长江三峡

长江三峡风景名胜区位于湖北省重庆市，是国家重点风景名胜区。

长江三峡是瞿塘峡、巫峡、西陵峡的总称，是著名的长江天险，它西起重庆市奉节县的白帝城，东到湖北省宜昌市南津关，跨奉节、巫山、巴东、秭归、宜昌五市县，全长 193 千米。瞿塘峡居西、巫峡居中，西陵峡居东，整个三峡河谷地形，峡谷与宽谷相间，宽谷地段江面开阔；峡谷地段两岸群山笔立，崔嵬摩天、幽邃峻峭，宽谷、峡谷交错，江水蜿蜒逶迤，江面狭窄曲折，水流急湍，滩礁密布，险峻幽深，雄奇壮观，形成世界上著名壮丽独特的大峡谷奇观。

三峡沿江著名人文景观很多。在远古时期就有人类繁衍生息。悠久的历史、古老的文化，造就和遗留下丰富的文物古迹。长江流域万州区段就有文物古迹 1089 处，其中古文化遗址 103 处，石刻石窟 195 处，古墓葬 591 处，古建筑 196 处，革命陵园 4 处。在大量文物古迹中具有旅游开发价值的主要景点 31 处，现已开发人文景点 11 处。沿江著名古建筑有石宝寨、丁房阙和无名阙、双桂堂、张飞庙、白帝城、大昌古镇、文峰塔等。

瞿塘峡景区 西起奉节县白帝城，东达巫山县大宁河口，全长 33 千米（其中峡谷段白帝城到巫山县大溪镇长 8 千米）是长江三峡第一峡，又称夔峡，是三峡中最短的峡，以雄、奇、险、峻著称。两岸崇山峻岭，高耸入云，临江一侧峭壁千仞，宛如刀削。白盐山、赤甲山对峙大江南北，气势磅礴，雄伟壮观。山高峡窄，仰视碧空，云天一线，峡西端入口处，两岸断崖壁立，高数百丈，宽不及百米，形同门户，紧锁大江，名"夔门"，素有"夔门天下雄"之称。峡中水深流急，江面窄处不到 50 米，波涛汹涌，奔腾咆哮，惊心动魄。峡短景多是它的又一特点。峡区内有铁锁关、古栈道、风箱峡崖棺、粉壁墙、古人题咏石刻、倒吊和尚、孟良梯、凤凰饮泉、犀牛望月、黄金洞、七道门洞等著名景点。古人有"便将万管玲珑笔，难写瞿塘两岸山"之说。另外还有新石器时代大溪文化遗址，峡西口有白帝城、八阵图等著名三国遗址。

巫峡景区　巫峡西起巫山县大宁河口，东至巴东县官渡口，全长42千米。峡长谷深，沿江峰峦不断，在长江三峡中亦称大峡，自古以来巫峡西扼巴蜀，东控荆襄，素有"全川锁钥"之称。"巫山七百里，巴水三回曲"，河道迂回曲折，幽深秀丽，两岸奇峰峭壁，重峦叠嶂，似一条美不胜收的山水画廊。巫峡景区由"三台、八景、十二峰"组成。三台是"楚阳台、授书台、斩龙台"，八景是指"南陵春晓、夕阳返照、宁河晚渡、清溪渔钓、澄潭秋月、秀峰禅刹、女观贞石、朝云暮雨"。

"放舟下巫峡，心在十二峰"。十二峰是巫峡群峰的代表，十二峰是"净坛峰、集仙峰、朝云峰、起云峰、上升峰、望霞峰、翠屏峰、聚鹤峰、登龙峰、习凤峰、松峦峰、圣泉峰"。其中望霞峰即神女峰，峰形最为俏丽动人，有许多神奇美丽的传说。

此外峡区内还有陆游洞、金盔银甲峡、铁棺峡、孔明碑、楚蜀鸿沟等景点。

大宁河景区　大宁河古名昌江，又名巫溪水，北起巫溪县与城口县交界的巫溪县高楼乡新田村，流经巫溪、巫山，在巫峡口注入长江，全长202千米。大宁河两岸山奇峰峻、滩险水清、峡奇石美、小巧秀雄、状若盆景。这里还能经常见到山鹰展翅，白鹤引颈高歌，鸳鸯徜徉，猴群嬉戏的景象。千年悬棺、令人费解的古栈道孔、大昌古城等人文景观和自然景观融为一体，深受中外游人喜爱。

大宁河景区共有7个峡，特别是巫山境内的龙门峡、巴雾峡、滴翠峡统称为巫山小三峡，巫溪县境内有庙峡、剪刀峡、荆竹峡、月牙峡。

龙门峡，为"小三峡"第一峡，长3千米，峡内两山对峙，峭壁如削，天开一线，状若一门，故称"龙门"。峡中有我国最长的宁河古栈道遗迹，还有青狮守门、九龙柱、灵芝峰等胜景，逆水上行出峡口便是惊险异常的银窝滩，顺水行舟，可领略"巴水急如箭，巴船去若飞"的意境。

巴雾峡，为"小三峡"第二峡，长10千米，峡内山高谷深，钟乳密布，怪

石鳞峋，主要景点有猴子捞月、马归山、龙进、虎出、回龙洞、仙桃峰、观音坐莲台、悬棺、白蛇出洞等。

滴翠峡，全长20千米，是"小三峡"中最长、最整齐、最秀丽、最幽深的峡谷，群峰竞秀，林木葱郁，两岸滴翠，鸳鸯戏水，猴群攀援，鸟语声声，饶有野趣，既有气势磅礴的大景，也有玲珑剔透的小景，主要景观有水帘洞、仙蕉林、摩崖佛像、天泉飞雨、罗家寨、绵羊崖、赤壁摩天、船棺、双鹰戏屏、飞云洞等。

庙峡，位于大宁河中游，全长22千米，峡谷绝壁陡峭，风光奇异，峡中多奇景。如"白龙过江"瀑布气势宏大奇特，"云台观"雄伟险绝，"云台仙子"飘然若仙，引人遐想。还有香水珠帘、泉瀑、群龙破壁、银水蘑菇、雄鹰展翅、罗汉观溪、白鹤细语、青蛙观天、八戒过河、乌龟爬山等景点。

白龙过江瀑布水源为地下暗河，每当夏季暴雨过后，一条巨大水龙从宁河西岸悬崖上凌空而下，高约100米，宽5～10米，跃起的水流如长虹飞跨过岸，船行其间如穿万花筒，水雾迷漫，波涌浪吼，令人惊心动魄，为世间罕见绝景。

剪刀峡，位于巫溪县城北至宁厂古镇、全长9千米。因大宁河西岸一巍然矗立的孤峰酷似剪刀而取名。峡内有九层楼、十八罗汉、双溪溶洞、仙人洞等景点。双溪溶洞景观丰富奇特，洞深2000米，现开发500米，被称为宁河上的一颗明珠。

荆竹峡，又名岩棺峡，峡长7千米。因峡内悬棺多而集中和盛产荆竹而得名。此间集有24具悬棺，此外，还有宁厂古镇，奇异山峰"和尚拜塔"，公路旁有蔡伦式土法造纸作坊，这种原始作坊国内已少见，所以颇受游人青睐。

月牙峡，为大宁河上游最后一峡，峡长约1千米，宽2～3米，两岸岩壁倾斜欲合，天光微透一线，举头仰望，天空状若新月，故名月牙峡。因谷深峡窄，又名"一线天"。初春，峡口桃李争艳，鸟语花香；盛夏，碧水流淌，凉气爽人；深秋，红叶艳丽，漫山如火；严冬，梅花盛开，溢彩流芳，更感几分诗情画意。

马渡河为大宁河支流，有上马峡、中马峡和下马峡三个峡段，因河道更狭窄，显得十分幽深，更引人神往，人称"小小三峡"。马渡河小小三峡已开展15千米休憩型漂流项目。

巫山大庙龙骨坡古猿人遗址占地约一亩，1986年由中国科学院古脊椎动物与古人类研究所和重庆博物馆的专家先后试掘，发现了古人类门齿和一段带犬齿的两块颌骨以及与人类化石同一层位的巨猿化石和剑齿象、双角犀等110种哺乳动物化石数百件。经考证，这批化石属早更新世早期，距今204万年。这一重大发现，揭开了人类发展的奥秘，填补了我国早期人类化石空白，对于人类起源和三峡河谷发育史的研究具有极为重要的科学价值。

西陵峡景区　从秭归县的香溪口，到宜昌市的南津关，峡长120千米，其中峡谷段长42千米，是长江三峡中最长的一个峡。滩多流急，以"险"著称。

秭归是我国古代大诗人屈原的故乡。在这里，有许多关于屈原的传说。屈原死后，楚国人民为了悼念他建庙筑坟，在秭归，有屈原祠、有屈原出生地香炉坪、照面井、读书洞、屈田、吟诗台、屈原濯缨处，还有屈原姐姐的捣衣石等。

香溪，汉代王昭君的故里。相传，王昭君在出塞和亲之前，曾经回家省亲，在溪流中洗脸时把珍珠掉进溪流里，因此，溪水一年四季湛蓝碧透，清澈见底，水味甚美，游鱼可数，且含有香气，所以取名香溪。

明妃村，即宝坪村，是昭君出生的地方。沿香溪上行可达。香溪两岸，橘林片片，芳草萋萋；溪流深处，秀峰重叠，云游雾绕，山光水色充满了诗情画意。在昭君故乡有关昭君的传说和遗迹很多。在宝坪附近，有昭君寨、望月楼、梳妆台、楠木井、珍珠潭、绣鞋洞、妃台山、昭君台等。

高岚，在昭君故乡，水碧山秀，花艳树奇，如入画中，奇峰妙态，美不胜收。下羊河南岸，群峰突起，千奇百怪，其中有一峰如同擎天巨柱，直插云霄，人称"天柱山"。山上劲松挺立，岩间翠柏倒悬，使山姿显得格外雄峻。还有"睡佛山"形若巨佛酣睡，"朝天吼"姿如雄狮长啸，"洞崖厅"似蓬莱仙境等。

兵书宝剑峡，又名米仓峡。在香溪口以下北岸的峭壁上，有一叠层次分明的岩石，看上去很像一堆书放在那里，这就是人们所说的"兵书"；在兵书的侧面，有一块石头，形如利剑，插入江中，即所谓"宝剑"。传说，这里是蜀相诸葛亮存放兵书和宝剑的地方。

牛肝马肺峡，在牛肝马肺峡的北岸绝壁上，有几片深棕色的岩石，形如牛肝、马肺，峡名因此而得。现在，船过这里，人们可以看到"牛肝"，完整无损，形态逼真，而"马肺"已差了一块。据说，这是清代光绪年间，英帝国主义军舰侵入川江时，用大炮轰掉的。

第四章　南方地区

从北到南去畅游

107

三斗坪，位于庙南宽谷中段，是三峡水利枢纽工程的坝址。这里江面宽阔，江中有个小岛，叫中堡岛，坝址上下是适宜于建坝的花岗岩地质区。毛泽东《水调歌头·游泳》中的"西江石壁"就建在这里。现中堡岛已被施工夷为平地，可看到雄伟壮观的三峡工程。

黄陵庙，位于峡江南岸黄牛岩下九龙山麓中部，原名黄牛祠、黄牛庙。宋代欧阳修在做夷陵县令时改名黄陵庙，相传此庙是春秋时代为纪念神牛助禹开峡治水的功绩而兴建的。三国时由诸葛亮重修，并亲撰《黄牛庙记》，后历次修缮。现存有建于明代的山门、武侯祠和清代的禹王殿等古建筑和九龙榭、禹王殿大禹塑像。庙内的千年铁树，枝叶繁茂，几度花开。庙后一眼水泉，名叫黄牛庙泉池，传说为诸葛亮亲手开凿。山上另有一矿泉，喷涌不断。

灯影峡，在黄陵庙的前边，烟岚横黛，飞瀑流泉。峡谷不长，在南岸的马牙山上，有四块奇石，在夕阳的照射下，只要稍加想象你就会看到孙悟空瞭望开路，猪八戒牵马过山，唐三藏岸然合十，沙和尚负经兼程的逼真形象。

仙人桥，位于西陵峡江段北岸黄颡洞上端。临江一山，上合下开，天然而成，形如桥梁。

南津关，在北岸的下牢溪（又名下牢津），相传是我国历史上三国时因刘备曾镇守此津而得名，它与瞿塘峡入口处的夔门，是长江三峡首尾两端的天然门户，也是长江中上游的天然分界线。三国时期蜀将刘封曾在北岸山顶修筑城垒，故名刘封城。山顶另有一块大石台，相传是蜀将张飞镇守夷陵时督兵擂鼓之处，故又名擂鼓台。船过南津关，可见已发掘出的古军垒和张飞擂鼓像。

大溪文化遗址　位于瞿塘峡东口、长江与大溪河交汇处。经四川长江流域文物考古队和四川省博物馆多次发掘，发掘面积583平方米，清理墓葬200余座，出土文物1000多件，命名为"大溪文化"。这一发现证实早在五六千年前，就有人类在此生息繁衍，为我国新石器时代母系氏族晚期遗址。

盐井沟古生物化石遗址　1919～1926年已发掘了大量完整的古生物化石，有东方剑齿象、大熊猫、犀牛、野牛、鹿等10多种，分别陈列于英国伦敦和美国纽约自然博物馆。

宁河古栈道遗址　自大宁河龙门峡口起沿河而上，经小三峡、庙峡、巫溪县城，绕剪刀峰至月牙峡、城口县，一直延伸，东到湖北竹溪县、陕西省镇坪县，左岸岩壁上依次排列着无数均整方正的石孔，六寸见方、孔深尺许、孔距四至六尺间、多数地段为上下两排，相距约四尺。工程之浩大，在我国古栈道遗迹中屈指可数，其来历和作用，有待考证。

石宝寨　位于忠县城东 43 千米的长江北岸，巨石临江，孤峰拔地，形如玉印。塔楼依山而建，楼高 56 米，全是木结构，始建于明代万历年间，经清代康熙、乾隆年间整修完善，距今 400 多年。由寨门、寨身、阁楼组成，共 12 层。拾级而上直达山巅，依山取势，飞檐展翼，蔚为壮观。寨上有古刹一座，寨下有古朴集镇石宝街。石宝寨以奇异建筑闻名于世，1979 年对外开放后，被国内外游人誉为"江上明珠"。

双桂堂　位于梁平县城南金带乡双桂村，距县城 13 千米，创建于清顺治十年（1653 年）。双桂堂庙宇占地 110 亩，建筑物为石木结构，坐东朝西，殿宇由大山门、弥勒殿、大雄宝殿、戒堂、破山塔、大悲殿、藏经楼等组成，寺庙布局奇特、雄伟壮观。庙内有左右厢房 328 间，均有长廊相连，有大小佛像 100 余尊，假山、池沼、花园、果园、桥、栏、亭、台、石刻、浮雕，千姿百态。双桂堂内珍藏有众多文物，有清雍正皇帝钦赐响乐器——天聋、地哑、铜锣、铜鼓四种和《藏经》一部、圣旨石碑一块、《贝叶经》一部、佛经 7000 多册、破山《语录》12 卷和行书字帖等。

双桂堂是我国著名的佛教圣地，先后法传 15 代、方丈 68 任。其中以破山、竹禅最享盛名，双桂堂高僧辈出，其弟子遍及西南川、鄂、黔、滇各省寺院，有"云贵川丛林祖庭"及"蜀中丛林之首"之誉。在东南亚也有深远影响，美国华盛顿也建有破山庙。抗日战争时期是双桂堂鼎盛时期，僧侣多达数百人，庙产千余座。

张飞庙　始建于蜀汉末年，位于长江南岸凤凰山麓，为纪念三国时期蜀汉名将张飞而建，已有 1700 多年历史，由一组宏伟壮丽、独具一格的古建筑群组成。主要建筑有正殿、旁殿、结义楼、助风阁、杜鹃亭、得月亭等 7 个古建筑，前 5 个是纪念张飞而建，后两个是纪念诗人杜甫在此客居两年而修。建筑面积共 3000 平方米，园林面积 11.1 万平方米，庙内塑有张飞像，珍藏有自汉唐以来的大量诗文碑刻书画及其他文物数百件，其中不少具有历史和艺术价值，素有"文章绝世""书法绝世""雕刻绝世"三绝的盛誉，号称"巴蜀一胜境"和"文藻胜地"。

白帝城　位于瞿塘峡口长江北岸，距奉节县城 4 千米，白帝山顶标高 248

米，高出水面 160 米，它东依夔门，西傍八阵，三面环水，踞水陆要津，扼全川咽喉，是历代兵家必争之地。白帝城始建于西汉末年，是一座历史悠久的古城。三国时刘备兵败东吴，退守白帝城，在此托孤诸葛亮，死于城内永安宫。白帝托孤的故事和李白《朝发白帝城》的诗文使它名扬天下。白帝城还是眺望"夔门天下雄"的最佳位置，历代大文豪李白、杜甫、白居易、刘禹锡、苏轼、黄庭坚、范成大、陆游等都曾游历瞿塘，寓居于此，触景生情，留下数千首不朽诗篇，其中杜甫在此寓居两年，著诗 437 首，约占杜诗 1/3。故白帝城又有"诗城"之誉。现白帝城内有前殿、明良殿、工艺展览室、文物陈列馆、悬棺陈列室等，陈列历代文物 1000 余件，古今名家书画 100 余幅，石碑 70 余块。托孤堂塑有 21 位三国历史人物像，艺术地再现了 1700 多年前刘备托孤的历史悲剧。白帝城三面环水，一面靠山，林木葱郁，楼台亭阁点缀其间，有仙山琼阁之意境。

大昌古镇　始建于晋泰康初年，距今已有 1700 多年历史。位于大宁河"小三峡"上游。现存东、西、南三道城门，城内现存建筑、民宅多为明清所建。屋宇雕梁画栋，翘角飞檐，古风浓郁，1992 年被定为省级文化名镇，是大宁河旅游线上的古镇旅游点。

三游洞位于宜昌市西北西陵峡口下牢溪入汇长江处，唐元和十四年（819年）春，著名诗人白居易由江州（今江西九江）司马赴任忠州（今四川忠县）刺史，与弟白行简及友人元稹三人曾同游此洞，各赋诗一首，并由白居易作《三游洞序》书于洞壁，三游洞由此而得名，人称"前三游"。宋代著名文学家苏洵、苏轼（东坡）、苏辙父子三人于后慕名一游，并留诗数首，人称"后三游"。相传宋代诗人陆游来游时曾取下牢溪水煎茶，并赋诗纪胜，故有陆游泉在此。洞内有所谓"天钟地鼓"。附近白马洞、龙泉洞错落相间，各具特色，形成了引人入胜的溶洞群。

葛洲坝水利枢纽工程　于 1970 年 12 月破土动工，至 1989 年 6 月全部竣工通航发电。大坝从北岸镇镜山到南岸的狮子包，全长 2561 米，标高 70 米，由发电厂、船闸、泄洪闸、冲沙闸等组成，大坝电厂共 21 台水轮机组，总容量为271.5 万千瓦，年发电量约 141 亿千瓦时，是我国目前最大的水力发电站之一。大坝共有三座船闸，一号和二号船闸闸室长 280 米，宽 34 米，水深 5 米，可通万吨级大型船队，是目前世界上最大的船闸之一。三号船闸室长 120 米，宽 18

米，水深 3.5 米，可通 3000 吨以下客货轮。泄洪闸共 27 孔，与 3 座冲沙闸同时运行，可安全宣泄历史上已发生过的每秒 11 万立方米的水量。坝顶铺有铁路和公路，恰如一座大桥，通畅大江南北。坝内水位可上升约 20 米，枯水季节回水约 180 千米，可达巫峡西口；洪水季节回水约 100 千米，可达巴东。葛洲坝的兴建，改善了峡江航道，充分利用了长江水能资源。如今，宏伟的葛洲坝水利枢纽工程，犹如一颗镶嵌在西陵峡口的明珠。

三峡工程　最早设想在三峡造坝建库的是孙中山。1956 年 7 月，毛泽东到达武汉，畅游了长江，写下了石破天惊的诗句"更立西江石壁，截断巫山云雨，高峡出平湖。神女应无恙，当惊世界殊。"1985 年中央决定筹备建立三峡省，省会是宜昌市，辖当时湖北的宜昌地区和宜昌市、巴东县，四川的万县和涪陵两个地区。1986 年 5 月撤销筹备组，6 月国务院责成水利电力部广泛组织各方面的专家，组成三峡工程论证专家组。1988 年 11 月领导小组第 9 次扩大会议原则通过最后一个论证报告，历时两年 6 个月。1992 年 4 月举行的第七届全国人民代表大会第五次会议上，通过了兴建长江三峡工程的决议。决议批准将建长江三峡工程列入国民经济和社会发展 10 年规划。1994 年三峡工程正式开工，1997 年顺利实现长江截流。

建成后的三峡水利枢纽，兼有防洪、发电和航运的巨大综合效益。它可以控制长江上游洪水对中下游平原的威胁。水库蓄水后，滩多流急的三峡河段将变成为碧波粼粼的平湖，长江航道将得到彻底改善，万吨级船队将可以从上海溯江而上，通过船闸进入深水航道——水库，直抵重庆。

建设中的三峡水利枢纽主要由拦河大坝及泄洪建筑物、水电站厂房、通航建筑物等组成。坝址为宜昌三斗坪。大坝为混凝土重力坝。正常蓄水位 175 米。泄洪坝段居河槽中部，设有 23 个的泄洪深孔，和 22 个表孔。泄洪坝段的两侧布置左右两个坝后式电站厂房，左厂房装机 14 台，右厂房装机 12 台。水轮发电机组单机容量为 70 万千瓦，水轮机转轮直径 9.5 米。年均发电量 846.8 亿千瓦。通航建筑物布置在左岸。永久通航采用双线 5 级连续梯级船闸。枢纽的主要工程量是当时世界上已建和在建的水利枢纽中最大的。

南京雨花台

　　雨花台位于江苏省南京城南中华门外，是一个高约100米，长约3000米的山冈。东吴时因岗上盛产五彩鹅卵石（玛瑙石），遂称"石子岗"，又名"玛瑙岗"或"聚宝山"。

　　雨花台之称始于南朝梁代。相传1400多年前，有位云光法师在此讲经，感动佛祖。顷刻间漫天落花如雨，故得此名。但据地质资料记载，这种石子来自长江上游，因艳丽奇特，故称雨花石，地名随之谓雨花台。这座美丽的山冈，从六朝迄今一直是民族英雄浴血斗争的场所。几个世纪以来，无数民族英雄和革命先烈在此留下了可歌可泣的史迹。

　　1950年南京市人民政府为了缅怀革命烈士，兴建了雨花台烈士陵园。在雨花台主峰上建造了高达6.8米的纪念碑。碑正面有毛泽东主席亲笔题写的"死难烈士万岁"6个大字。

中山陵

中山陵位于钟山，钟山是南京地区群山之首，古称金陵山，战国时楚国在此建金陵邑，即由此山得名。汉代开始称钟山，东晋时开始称紫金山，东吴时改称蒋山。因山有紫色页岩，远望山顶，紫云缭绕气象万千。

钟山山体东西长 7 千米，南北宽约 3 千米，周长达 30 千米，是江苏南部茅山山脉的余脉——宁镇山脉的最高峰。山势整体呈弧形，中部向北凸出；东段向东南方向延伸，止于马群、麒麟门一带；西段走向西，经太平门附近入城，隆起为富贵山、覆舟山和鸡笼山。山势蜿蜒逶迤，形如巨龙，故称"钟山龙蟠"。

自六朝第一位帝王东吴大帝孙权开始，钟山即成为帝王陵寝及功臣勋戚的葬地所在。自六朝开始，钟山又是江东佛教圣地。自六朝到近现代，钟山均为军事要塞，兵家必争之地。

1925 年 3 月 12 日，孙中山先生在北京与世长辞，举国悲痛。1925 年 4 月 4

日，在北京的国民党中央执行委员筹备安葬事宜，选墓址于紫金山。

中山陵前临平畴万里，后拥苍崖千丈，由我国著名建筑师吕彦直设计，融汇中国古代与西方建筑的精华，庄严简朴，别具一格。墓地全局呈"警钟形"图案，寓"使天下皆达道"之义。

陵墓建设自1926年1月破土动工，至1929年6月1日奉安大典，主体工程历时3年多，到1931年全陵工程次第落成。环绕中山陵的主体建筑，还有一系列纪念性建筑，如为便于孙中山先生家属守灵而在陵墓后上方建造的永慕庐、存储奉安大典纪念物品的奉安纪念馆以及宝鼎、音乐台、流徽榭、仰止亭、光华亭、行健亭、藏经楼等，都是当时各界人士和海外华侨为缅怀孙中山先生而捐资建造的。为了纪念中山先生，还在中山陵园区内建立了享誉中外的中山植物园及陵园温室等。中山陵两侧，长眠着近代民主革命时期的一些风云人物，如孙中山先生的亲密战友和国民党政要等。

寒山寺

寒山寺位于苏州城西阊门外的枫桥镇，始建于梁天监年间（502—519），初名"妙利普明塔院"。相传唐太宗贞观年间（627—649），有两个年轻人，一名叫寒山，一名叫拾得，他们从小就是一对非常要好的朋友。寒山长大以后父母为他与家住青山湾的一位姑娘定了亲。然而，姑娘却早已与拾得互生爱意。

一个偶然的机会，寒山终于知道了事情的真相，心里很难受。他左右为难，怎么办呢？经过几天几夜痛苦思考，寒山终于想通了。他决定成全拾得的婚事，自己则毅然离开家乡，独自去苏州出家修行了。

十天、半月过去了，拾得没有看见寒山，感到十分奇怪，因为这是从来没发生过的。一天，他忍不住心头的思念，便信步来到寒山的家中，只见门上插有一封留给他的书信，拆开一看，原来是寒山劝他及早与姑娘结婚成家，并衷心祝福他俩美满幸福。拾得这才恍然大悟，知道了寒山出走的原委，心中很惭愧。他懂得"朋友之妻不可欺"的道理，所以深感对不起寒山，他思前想后，也决定离开姑娘，动身前往苏州寻觅寒山，皈依佛门。时值夏天，在前往苏州的途中，拾得看到路旁池塘里盛开着一片红艳艳的美丽绝顶的荷花，便一扫多日来心中的烦闷，顿觉心旷神怡，就顺手采摘了一朵带在身边，以图吉利。

经过千山万水，长途跋涉，拾得终于在苏州城外找到了他日思夜想的好朋友寒山，而手中的那朵荷花依然鲜艳芬芳，光彩夺目。寒山见拾得到来，心里

高兴极了，急忙迎接拾得，俩人会心地相视而笑。现在寒山寺存有一方碑石，上刻"和合二仙"图案，据说就是这两位好朋友久别重逢时的情景。过去苏州民俗中婚嫁用的人物图画挂轴，以及江南许多地方春节时贴在大门上的门神，内容都是两个人，一个手捧竹篦盒，一个手持荷花，相互笑容可掬，一副逗人喜爱的模样，也称"和合二仙"。据说也源于这个美好的传说。

寒山寺素以钟声闻名天下。但唐代古钟历经兵燹，早已湮没无存。明代嘉靖年间（1522—1566）铸造的巨钟，据说"遇倭变，销为炮"。另有传闻，这口大钟已流落日本。日本有关人士四处搜寻，未见下落。于是由日人山田寒山发起募捐，于1905年集资重铸铜钟，赠送苏州寒山寺。这口钟高约0.8米，口径约0.62米。上有模铸铭文《姑苏寒山寺钟铭》："姑苏寒山寺历经年久，唐时钟声空于张继诗中传耳。尝闻寺钟转入我邦，今失所在，山田寒山搜索甚力，而遂不能得焉。乃将新铸一钟赍往悬之，来请余铭。寒山有诗，次韵以代铭。姑苏非异域，有路传钟声。勿说盛衰迹，法灯灭又明。明治三十八年四月，大日本侯爵伊藤博文撰。子爵杉重华书。大工：小林诚义。施主：十方檀那。"

太　湖

太湖风景名胜区是国家重点风景名胜区，位于江苏省苏州、无锡、宜兴、锡山 5 市境内，总面积 2806 平方千米，其中水面占 80%。全区划分为 13 个景区，86 个景点。

锦绣太湖，面积为 2425 平方千米，在我国五大淡水湖中，面积虽然排行第三，但它景色之秀美，胜迹之富集，物产之丰饶，周围名城之繁多，却都是五湖之冠。太湖地跨苏、浙两省，古称震泽、具区、笠泽，号称三万六千顷，湖中有岛 48 个，北部和东部散布着著名的无锡惠山、马迹山，吴县市的灵岩山、天平山、洞庭东、西山等，湖水平均深度 1.5 米。

太湖是吴越文化的发源地，素有"包孕吴越"之誉，遗存大批文物古迹，如春秋时的阖闾城、越城遗址、隋代大运河、唐代宝带桥、宋代紫金庵、元代天池石屋、明代杨湾一条街以及大量名寺古刹、古典园林等。还有关于吴王夫差、越王勾践、孙子、范蠡、西施、项羽、范仲淹等历史人物传说和遗址。

无锡太湖景区，以鼋头渚为中心，三山前拱，梅园、蠡园映带左右，是一处融湖光、山色、园林、寺观为一体，景色兼具雄阔与秀逸之美的著名旅游胜地。

鼋头渚　为太湖第一佳境。主要景观有鼋渚春涛、充山隐秀、鹿顶迎晖、万浪卷雪、三山映碧、湖山真意等。鼋头渚园林，以天然风景为主，人工修饰为辅。园林布局，依山傍水，别具一格，是观赏太湖风光比较理想的地方。园内还有江南兰苑。伸入湖中的鼋头部分前后都是荷池。沿湖堤遍植绿杨，中间架以曲桥，过桥有湖心亭，水中盛植荷花，名为"湖山春深"。鼋头顶端耸立着一座灯塔。从灯塔沿湖边道路东行，便可见鼋头渚石碑。在一块貌似鳌鱼头的茅山砂岩大石块上，正面刻着"鼋头渚"，反面镌凿着"鼋渚春涛"。迎面有一八角形的涵虚亭，湖边惊涛拍岸，奇石错列，陡壁如屏，形成粗犷豪放的天

然美景。沿湖峭壁上，镌刻着"包孕吴越"和"横云"两组醒目的大字。

附近的半山上，有一座仿宋明的古式建筑，叫澄澜堂。山南坡有劲松楼、陶朱阁、广福寺。寺附近林疏竹密，颇有"深山藏古寺"之雅。

鹿顶山高 96 米，高踞于临湖诸山之上，在山顶上建有模仿武汉黄鹤楼的舒天阁，有"小黄鹤楼"之誉，登顶远眺太湖，72 峰尽收眼底。凡游鼋头渚，不论朝晴夕阴，皆宜登阁一望，看茫茫太湖三万六千顷奔来眼底，太湖风光一览无余，使人意畅情酣，胸怀顿开。

从鼋头渚向西眺望，可以看到不远处有几个小岛，若沉若浮于太湖碧波之中，它就是无锡市郊的湖上公园——三山。

三山，古时又称乌龟山、笔架山等，它由东鸭、西鸭和大矶小矶等岛屿组成，总面积 180 亩，景色极美。三山以孤见奇，以小取胜。置身其间，似有缥缈海上之感。从鼋头渚可乘定时小轮船达三山。

锡惠公园　在无锡南郊，园内有名寺惠山寺、天下第二泉、龙光寺塔等。天下第二泉在二泉亭附近，有三处泉池，入门处是泉的下池，凿于宋代，池壁有明代弘治十四年（1501 年）杨理雕刻的龙头。泉水从上面流下，由龙口吐入下池。上面是漪澜堂，建于宋代。堂前有南海观音石，堂后就是二泉亭，亭内有二池，上池八角形，水质最好；中池方形，水是从若冰洞流入的。据传二泉最早是唐代宗大历十四年（779 年）无锡县令敬澄叫人开凿的。泉水出自志留纪茅山砂岩的裂隙，当它从砂岩裂隙间渗流出地面时，已经经过过滤，因此十分清澄。经唐代"茶神"陆羽评定为"天下第二泉"，从此闻名遐迩。瞎子阿炳的故事和《二泉映月》优美的旋律深深地打动每个游人。

惠山寺　为开山于 1500 年前的南朝古寺。倚山而建，渐进渐高，殿宇宏敞。寺内有唐代听松石床，唐宋的石刻经幢，宋代的金莲池，明代的古银杏、竹炉山房及清代的起云楼等众多历史遗存，是访古寻幽的极好去处。

寄畅园　惠山东麓的寄畅园，是江南名园。园林虽小，但布置极为精致。寄畅园主要名胜有九狮台、八音涧、锦汇漪、七星桥、知鱼槛、郁盘亭等。尤其是八音涧，流水在曲折起伏的山涧内发出各种动听的声响，加上山岩的回响共鸣作用，仿佛有各种乐器在合奏，十分奇妙。

蠡园　在无锡南郊鼋头渚公园的东北邻，始建于 1927 年，是江南久负盛名的园林之一。蠡园面山临水，占尽自然优势；布局上则匠心独运，深得步移景换之妙。蠡湖附丽有范蠡与西施的故事，相传春秋末期，范蠡助越王勾践雪耻复国后，不恋官爵，携西施出走，曾泛舟至无锡五里湖上，于是后人改五里湖为蠡湖，这一故事常令游人于晴红烟绿之中浮想联翩。主要景观有春秋阁、四季亭、千步长廊等。中心部位是曲径假山，西部以渔庄为主体，东部为长廊、湖心亭和迎春塔等。渔庄是从一些"田"字形的鱼池布置起来的，东南西面临湖，是一个多水的园林。蠡园中的假山，模拟云层的变幻而建造，都以"云"字题名，有"云窝""云脚""穿云""朵云""盘云""归云""留云"等，堆砌精巧，曲折多变，忽明忽暗，如入迷宫。

马迹山 又名马山，位于无锡西南，是太湖中第二大岛，面积 34 平方千米。整座岛重峦叠嶂，气势雄伟，战国时吴王夫差曾击败越王勾践于此，南宋时曾在此抗击金兵。岛上泉清谷幽，果园遍布。在此品果赏景，别有一番情趣。景区内还设有富丽堂皇的亭台楼阁，布局依山就势，顺其自然。

拙政园 位于苏州城区东北隅，占地约 72 亩，始建于明代正德四年（1509年），当时辞官回乡的御史王献臣将自己的园林题作"拙政"，"拙政"取自晋文学家潘岳的《闲居赋》，"灌园鬻蔬，以供朝夕之膳，是亦拙者之为政也"。拙政园以水景著称，园中水面差不多要占到全园面积的 3/5，其中尤以中部的水景格外迷人。拙政园围绕"久在樊笼里，复得返自然"这一主题，水乡之情，山林之趣，兼而有之，具有"回归自然"的意境和简朴开朗、淡雅天真的自然风格。拙政园和留园与北京颐和园、承德避暑山庄合称为"全国四大名园"，是苏州园林之首。

主要厅堂远香堂位于园的中部，是一座四面厅，四边均可赏景。远香堂东南隅有云墙，墙内是园中园枇杷园。它的南边是嘉实亭，亭后白墙上开一空窗，正好框住亭后的石笋翠竹。园西，玲珑馆的南边是一座纯以太湖石堆叠的假山。枇杷园向东联系着听雨轩、海棠春坞等庭院，形成拙政园中部东南角层层相套

119

的庭院深深的景色。在嘉实亭东有听雨轩，由此循廊折向北游，又有一独立的小院，题作"海棠春坞"。

梧竹幽居造型特殊，可通过此亭的两道圆环看池中山水，有著名对联："爽借清风明借月，动观流水静观山"，匾额是"月到风来"。梧竹幽居折西，有曲桥可通池中二岛。东岛较小，然而高耸陡峭，山顶设一六角形的待霜亭，亭旁种橘数株，周围翠竹绿树四合，西、东、南则与雪香云蔚亭、绿漪亭及绣绮亭隔水互为对景。西岛较大，山势较为平缓。西岛之巅，雪香云蔚亭翼然而立。

见山楼位于荷风四面亭西北池中，三面环水，登楼赏景，层次特别分明。

在远香堂西南有小沧浪，水阁三间架于池上，是我国园林中很罕见的别院水庭景色。

西部的主要厅堂是一座鸳鸯厅，南馆宜冬居，前有小院，栽植多株名贵的山茶花，山茶又别名曼陀罗花，所以南厅题作"十八曼陀罗花馆"；北馆临大池宜夏居，依窗小憩，可观看荷花池中驯养的鸳鸯戏水，额匾就题作"卅六鸳鸯馆"。厅堂的四角门外各加建了一间耳房，此厅的平面形式成为我国古建筑中的唯一一例。

留园 创建于明代，初名涵碧山庄，重建于清代，为全国四大名园之一，占地 50 余亩，规模宏大，以建筑结构精巧见长，是我国明、清时期封建官僚宅第园林的代表作。全园分中、东、西、北四景区。中部以山水见长，山环水抱，明媚清幽。东部为庭院建筑，楼、堂、馆、轩、斋、廊、阁，一应俱全，布局紧凑。冠云、瑞云、岫云为著名的"留园三峰"，其中冠云峰相传为宋代花石纲遗物。西部为自然景色，北部是田园风格。四区以曲廊相连，一步一景，连绵 1000 多米，成为我国园林艺术的大观园。

网师园 地处苏州古城东南隅阔家头巷，被誉为苏州园林之"小园极致"，堪称中国园林以少胜多的典范。1982 年被国务院列为全国重点文物保护单位。1997 年 12 月被联合国教科文组织列入《世界文化遗产名录》。

网师园的造园历史可追溯至 800 年前。南宋淳熙初年，吏部侍郎史正志于此建万卷堂，名其花圃为渔隐，植牡丹五百株。清乾隆年间，光禄寺少卿宋宗元在万卷堂故址，营造别墅，为奉母养亲之所，始名网师园，内有 12 景。乾隆末，园为瞿远春购得，增建亭宇，叠石种树，由于瞿远春巧为运思，使网师园"地只数亩，而有纡回不尽之致；居虽近廛，而有云水相忘之乐。"至今网师园尚总体保持着瞿氏当年造园的结构与风格。同治年间，园归李鸿裔，因与宋代名园沧浪亭相近，李氏自称"苏邻"，更园名为"苏邻小筑"。1917 年，张作霖购此园，改名为"逸园"。1940 年，园为文物鉴赏家何亚农买下，并对此进行全面整修，悉从旧规，并复网师旧名。1950 年何氏后人将园献给人民政府。1958 年，网师园再经整修后对游人开放。

网师园是古代苏州世家宅园相连布局的典型；东宅西园，有序结合。即以池水为中心，由东部住宅区、南部宴乐区、中部环池区、西部内园殿春簃和北部书房区 5 部分组成。全园布局外形整齐均衡，内部又因景划区，境界各异。园中部山水景物区，突出以水为中心的主题。水面聚而不分，池西北石板曲桥，低矮贴水，东南引静桥微微拱露。环池一周叠筑黄石假山上下参差，曲折多变，使池面有水广波延和源头不尽之意。园内建筑以造型秀丽、精致小巧见长，尤其是池周的亭阁，有小、低、透的特点，内部家具装饰也精美别致。

网师园意谓"渔父钓叟之园"，园内的山水布置和景点题名蕴含着浓郁的隐逸气息。全园面积仅 8 亩多，做到了感觉宽绰而不显局促，主题突出，布局紧凑，小巧玲珑，清秀典雅，成功地运用比例陪称关系和对比手法，获得较好的艺术效果，是苏州中型古典园林的代表作品。

西园 园中有五百罗汉堂，五百尊金身罗汉，造型逼真，神态各异，令人叫绝。堂中有两尊特别的和尚立像，一是济公和尚，面孔表情，半面哭，半面笑，正面看是一副尴尬样；还有一尊是个疯僧，一手拿一根实心的吹火棒，一手拿一把扫帚。

狮子林 始建于 1350 年（元代），为苏州名园之一。以玲珑剔透的假山取胜，外望峰峦起伏，气势磅礴；入洞幽深曲折，处处空灵。许多山石形若狮子，百姿千态，狮子林由此得名。该园布局东南多山、西北多水，为探奇寻趣的佳境。相传清代乾隆皇帝游罢此园，颇感有趣，曾挥毫题过"真趣"二字。

沧浪亭 是我国现存最早的一座名园，北宋诗人苏舜钦筑亭于此，取名为沧浪亭，素以古朴、简洁著称，它巧借园外优美水景与园内山景自然结合，给人以疏朗、开阔、富有山林野趣之感。园内还有 500 名贤石刻像等。

环秀山庄 始建于唐代，几经变迁，现存是清代乾隆年间重建园林。环秀山庄以假山著名，清代叠山名家戈裕良在园内所叠的假山，至今保持完整。它在一亩左右的有限空间内，用假山叠石造成有险峰、溪谷、危径、裂罅、洞穴

的浑然天成的山水佳境，以小见大，成为我国叠石假山的代表之作。

灵岩山　在苏州市木渎镇，海拔182米，以岩石的灵巧而得名。它的山冈外形，犹如卧扑的巨象，别名象山之名就是由此而来。在苍松环抱的山顶上，矗立着千年古刹灵岩寺，寺中有巍峨古朴的灵岩塔和朱壁飞檐的钟楼。灵岩寺是吴王夫差特为越国送来的美女西施修建的馆娃宫遗址，有许多吴王与西施的传说和古迹。山上有石龟、石鼓、灵芝石等奇石。山西南麓有韩世忠与梁红玉合葬墓。

天平山　在苏州市木渎镇，海拔221米，以石、泉、枫并称三绝。山麓有年逾四百岁的百余株合抱的参天古枫，每逢秋天，在灿烂的秋阳照耀下，层林尽染，称"万丈红霞"。半山有白云泉，因唐代诗人白居易"天平山上白云泉，云本无心水自闲"的诗句而得名。据《苏州府志》记载，它是"吴中第一水"。石壁撑空，下临深渊，石罅中又别有一泉，注出如线，就叫"一线泉"。白云泉西行数十步，见两崖对立如门，这就是俗称的龙门。峭壁上摩崖大书"一线天"三个大字。由此上山，一路都是奇峰怪石，有"飞来峰""头陀崖""五丈石""卧龙峰"等奇形怪石。山西面有"笔架峰"，峰后斑斓的花岗石，环形异状，如屏如插，挺秀奇伟，极为壮观，故人们给它起了"万笏朝天"的形象名字。

邓尉山　在苏州市光福镇。邓尉山的山坞里，梅林如海。每当早春时节，寒威犹存，梅花却冒着风霜而开，展现出冷艳姿色，繁花似雪，暗香浮动，飘逸数里，所谓"香雪三十里"，梅花似海，故名"香雪海"。

宝带桥　在苏州市长桥乡，苏州城东南3千米处，始建于唐代元和年间（806—820），全长达316.8米，筑有53孔，在我国现存古桥梁中，是孔数最多，长度最长的多孔石桥，宛如漂动在绿色波浪中的一根玉带。每当中秋月明之夜，那宝带的53孔桥孔中，孔孔都映有一轮圆圆的明月。桥下的碧波中，月影相映，月光浮动，蔚为奇观。

石湖　在苏州西南6千米处，长4.5千米，宽2千米，周长10千米，是太湖的一个内湾。湖畔秀丽的上方山连绵起伏，七级八面的隋代古塔楞伽塔高耸山巅，湖四周田园风光如画，山水美景瑰丽无比。当皓月初现天际之时，在石湖的千年古桥行春桥的九环洞下，月影倒映，状如串珠，形成"串月"奇观。

越城遗址又名越王城，在苏州西南郊石湖东岸，是春秋时越王伐吴时为临时屯兵而筑的土城。现存遗址呈不规则的椭圆形，东西长径约100米，南北短径约80米，曾出土大量春秋时文物。

西洞庭山　在苏州西南30余千米的太湖中，属苏州市西山镇。岛屿周长50多千米，面积90平方千米，是太湖第一大岛。岛上有石公山、归云洞、夕光洞、一线天等名胜和来鹤楼、断山亭等古建筑。主峰缥缈峰，海拔336米。登山远眺，满眼风光，湖面风帆点点，绿色的橘林中飘浮缕缕炊烟，形成"村屋晚烟"之景。峰下有"村屋古洞"，俗称"龙洞"，又名"左神幽虚之天道书洞"，被道家誉为"天下第九洞天"，是一个石灰岩溶洞。洞旁石壁上刻有"村屋洞天"等题词。洞内曲折幽深，最宽处可容数百人，钟乳石各具形态，变幻无穷。石公山三面环水，山上怪石秀奇。山上奇崖怪石，或玲珑剔透，或峰峥突兀，千姿百态，令人目不暇接。著名的太湖石即产于此。

洞庭东山　俗称东山，又名莫厘山，位于苏州西南40千米的太湖东内端，属苏州市东山镇。原为太湖中一小岛，后渐与东岸连成一片，成为半岛。东山主峰莫厘峰海拔293米，是观赏太湖湖光山色的最佳地点之一。东山三面环水，漫山花果，有江南"花果山"之称。东山名胜古迹众多，其中紫金庵的十八罗汉，雕塑艺术极为高明。东山镇的雕花大楼，是一座私家宅院，建于20世纪初，分前后两楼，门楼、门窗、栏杆分别刻有松鹤延年、太公八十遇文王、子仪庆寿、凤穿牡丹、和合二仙、二十四孝、八仙过海、三国演义等图案，工艺精湛，是难得的建筑精品。东山还有明代古建筑及神话传说中的柳毅井等古迹，一向是吴中游览胜地。

善卷洞　在宜兴西南28千米的张渚镇附近，螺岩山东北麓，面积约5000平方米，游程约800米，共分三层，有上洞、中洞、下洞和水洞四部分。洞内多大型石钟乳和石笋等。入口处在中洞，整个中洞是一个天然的大石厅，雄壮而深远。两块巨石，一似大象，一如雄狮。上洞由中洞拾级而上，洞口斜披一悬石，古人起了个极富诗情画意的名字："一片飞云掩洞门"。在洞中央，还有对峙的两根五六个人才可合抱的怪石（石柱），人称"万古双梅"。下洞又名"瀑洞"。这里石钟乳形成的奇幻景物更多，有翠绿的葡萄、橙黄的佛手、白嫩的鲜藕、广东的香蕉、南京的大萝卜、振翅的白鹤等，尤其是一株遮天盖地的"通天石松"更为奇妙。下洞转身向洞穴行进，约行百米，便是水洞。水洞实际上是一条古老的暗河，常年可通小船。从水洞出口越过一座拱形小桥，在洞

口西南方向不远，有一小石亭，中竖一石碑，上刻有"碧鲜庵"。碑为唐代所刻，是祝英台读书处。庵旁还有"晋祝英台琴剑之冢"；西南还有"英台阁"等古迹，均为千年古物。这里蝴蝶很多。相传《梁山伯与祝英台》的故事就发生在这里。

张公洞 又名庚桑洞，位于宜兴西南 20 千米孟峰山中，西北距善卷洞 18 千米，洞中有洞，洞中套洞，72 个大小洞穴，洞洞各异，互相贯通，奇异天成。

灵谷洞 在宜兴阳羡茶场，离张公洞只有 6 千米，游程 370 余米。

南京钟山

南京钟山风景名胜区是国家重点风景名胜区，位于素有"六朝古都""江南佳丽地，金陵帝王州"之称的江苏省南京市，以钟山和玄武湖为中心，钟山三峰相连形如巨龙，山、水、城浑然一体，雄伟壮丽，气势磅礴，与南京城西的清凉山（石头山），遥遥相对，古有"钟山龙蟠，石城虎踞"之称。地处北温带和亚热带之交，是南北植物引种过渡地带，植物品种丰富，林木繁茂。有孙中山陵墓以及孙权墓、明孝陵、灵谷寺等名胜古迹多处。

钟山又名紫金山，东西长约7千米，山势呈弧形，好像一条巨龙盘卧在古城南京之东。主峰北高峰，海拔449米；东边是第二峰，名小茅山；西边为第三峰，名天堡山，即紫金山天文台所在地，海拔250米。登临紫金之巅，举目四望，只见峰峦起伏，林海浩瀚，红墙碧瓦、楼阁亭塔隐约其间，蔚为壮观。

中山陵 是我国近代伟大的民主革命先行者孙中山先生的陵墓，位于紫金山第二峰小茅山的南麓，海拔约150米。"前临平川，后拥青嶂"，视野开阔，气势不凡。从空中往下看，中山陵恰似一座平卧在绿绒毯上的自由钟。陵墓入口处有高大的花岗石牌坊，上有中山先生手书的"博爱"两个金字。从牌坊开始上达祭堂，平面距离700米，上下高差70米。祭堂大门上方，有"天地正气"匾一块。堂正中为4.6米的用晶莹洁白的大理石雕的孙中山全身坐像，祭

堂用大理石镶砌的壁上，刻着他手书的遗著《建国大纲》。祭堂后是墓室。墓室门有两重，皆铜制。墓室正中为圆形大理石塘，上围以栏杆，中央是长方形墓穴，下面安葬着中山先生遗体，上面放着仪态安详的大理石卧像。

明孝陵　在钟山南坡独龙阜，中山陵西边，是明代开国皇帝朱元璋的陵墓。出中山门，沿去中山陵的大道至四方城，路南大金门，是明孝陵的正门。神道从下马坊起包括神烈山碑、大金门、四方城到石刻止。石刻由石柱一柱，石人4对，石狮、石麒麟、石橐驼、石象、石獬豸、石马共12对。孝陵主体建筑包括正门、碑亭、享殿、大石桥、方城、宝城。宝城外部用大石条建成，东西长75.26米，南北宽30.94米。城中间前为方城，中通圆拱形隧道。宝城后为宝顶，为一约400米直径的圆形土丘，上植松柏，下为朱元璋和马皇后墓穴。

梅花山　原名孙陵岗，因山上广植梅花，故名梅花山。这里是三国东吴开国皇帝孙权的陵墓，位于明孝陵的南端，被明孝陵月牙形"神道"所环抱。

中山植物园　在钟山南麓、明孝陵西南侧，建于1903年，是我国最早的植物园。面积186万平方米，植物2000多种，其中有不少珍贵的树木和奇花异草。

灵谷寺　在中山陵东边。前身是开善寺，唐代称宝公院，北宋称太平兴国禅寺，明初太祖朱元璋为建明孝陵将寺及塔迁此，并改名灵谷寺。寺内有无梁殿，又称无量殿，长50余米，宽30余米，从基到顶，全部砖砌，不用1寸木材，结构坚固，气势宏伟，是我国砖石建筑之杰作。无梁殿后面是松风阁，阁西石塔名宝公塔，塔的正面是"三绝碑"，碑上刻有梁代著名高僧宝志和尚（宝公）的像。像是唐代名画家吴道子所画，像赞是大诗人李白所题，字是书法家颜真卿所书，故称"三绝"。松风阁后面为灵谷塔，塔中心有转梯直上顶层，游人可以攀登。灵谷寺松木参天，古称"灵谷深松"，是"金陵四十八景"之一，风景优美。

紫金山天文台　建于1934年，是我国天文台中历史最长的一座。台上还陈列着天球仪、浑仪、简仪、圭表等国内现存最古的天文仪器。

玄武湖　位于南京城北，周长15千米，面积约5平方千米，有环洲、樱洲、梁洲、翠洲和菱洲5个小岛，分别构成环洲烟柳、樱洲花海、梁洲秋菊、翠洲云树等景观。

环洲形如张开的双臂，从南北两面伸入湖中。环洲沿湖的林荫大道旁，柳丝飘拂，如烟云舒卷，形成"环洲烟柳"的美丽景致。洲上有一堆玲珑剔透的假石山，俗称"观音石""童子石"。稍北有小山突起，是全湖最高的地方，从山顶可眺望全湖景色。这里相传是东晋郭璞墓地。

樱洲被环洲环抱于怀中，有水相隔。大地回春时节，樱花缀满枝头，如火如霞，遂得"樱洲花海"的赞誉。樱洲有一个长达500米的幽静曲折的长廊。

从环洲经芳桥便可到达梁洲。这里是玄武湖的精华所在。明代曾将这里作为贮存全国户籍税赋档案的地方，称为黄册库。雕梁画栋的览胜楼最早是南朝宋孝武帝刘骏观看水军用的，现存的楼是清代同治年间重建的。秋天菊展时组成一幅"梁洲秋菊"的瑰丽图画。

梁洲东面为翠洲，有翠桥相连，最为僻静。亭亭如盖的雪松，形如宝塔的桧柏，青翠欲滴的淡竹，互相掩映，构成了"翠洲云树"的清雅特色。出翠洲门，有一个万人游泳池。

菱洲位于玄武湖的中心，西边与环洲相接，洲上有动物园。

普陀山

普陀山位于浙江省舟山市普陀区，是舟山群岛中的一个小岛，位于舟山群岛之东，与舟山本岛隔海相望，素有"海天佛国"的美誉，是我国的大佛教名山之一。

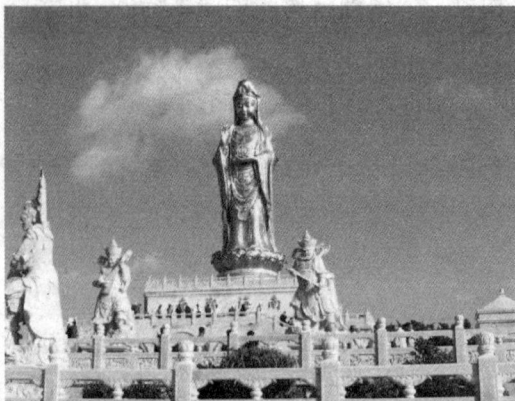

佛教《严华经》记载的"观自在菩萨至普陀洛迦山"一说，使普陀成为观世音之圣地。唐咸通四年（公元863年），日本僧人慧萼从五台山奉引观世音像回国，因为风浪所阻，在潮音洞上岸，建"不肯去观音院"，成为普陀佛教开山之起始。至宋宁宗嘉定七年（1214年）正式定普陀山为观音菩萨道场。

前人对普陀山作了这样高的评价："以山而兼湖之胜，则推西湖；以山而兼海之胜，当推普陀。"把普陀与人间天堂西湖相比。普陀山的海天景色，不论在哪一个景区、景点，都使人感到海阔天空。虽有海风怒号，浊浪排空，却并不使人有惊涛骇浪之感，只觉得这些异景奇观使人振奋。岛上的名石林立，除了四大奇石外，还有不少著名书法家的题刻，一如名家碑林。

杭州西湖

　　远在秦朝时，西湖还是一个和钱塘江相连的海湾。后来由于潮汐的冲击，泥沙淤积，逐渐变成沙洲，把海湾和钱塘江分隔了开来，原来的海湾变成了一个内湖，西湖就由此诞生了。

　　关于西湖的名称，最早开始于唐朝。唐之前，有武林水、明圣湖、金牛湖、龙川、钱塘湖等名称。下面是个有意思的民间传说：

　　古时候，天上住着一对恩爱夫妻。丈夫叫玉龙，憨厚真诚，勤劳勇敢；妻子叫彩凤，聪颖贤惠，心灵手巧。玉龙每天去仙岛山打猎砍柴，彩凤则在家织布洗衣，小日子过得倒也惬意。

　　有一天，玉龙又像往常一样去仙岛山打猎，正好遇上玉皇大帝派天兵天将去人间抢美女。玉龙还没来得及赶回家，一条天河已经挡住了他的去路，从此他们夫妻天各一方。每天，玉龙只有站在仙岛山山顶上，夫妻才能互相对望。

就这样，日复一日，年复一年地过去了。玉龙与彩凤饱尝着分离之苦，但他们依然彼此刻骨铭心地相爱着，他们的爱情感动了天上的山神。

一天，玉龙从山顶上下来，遇上一位银发老翁。老翁站在一块亮晶晶的大石头上，对玉龙说："只要你能把这块石头磨成一粒明珠，你们夫妻就可以团圆了。"老人说完就不见了，玉龙听后，马上拿来工具，夜以继日地磨起石头来。人累瘦了，也变老了，但他磨石的恒心没有改变，不管刮风下雨，酷暑严寒，都不能动摇他的信念。

终于有一天，一颗璀璨夺目的明珠出现在他的面前。玉龙欣喜若狂，捧起明珠向天河走去。忽然，一条五彩缤纷的彩桥铺到了天河上，延伸到他的脚下，彩凤就站在桥的另一端，他们终于团圆了。

这件事后来被玉皇大帝知道了，他立刻派天兵天将来抢夺这颗明珠。玉龙与彩凤誓死保卫明珠，在争夺的过程中，明珠不慎落到人间。掉到地上，变成了美丽的西湖。玉龙、彩凤不愿再次被天兵天将分开，于是在钱塘江边玉龙变成了玉泉山，彩凤变成凤凰山，他们仍日夜守护在西湖的旁边。至今，杭州流传着古老的歌谣："西湖明珠从天降，龙飞凤舞到钱塘。"

九华山

九华山坐落于安徽省池州市境内，原名九子山，素有"江南第一山"之称。《太平御览》说："此山奇秀，高出云表，峰峦异状，其数有九，故名'九子山'。"

九华山一名的由来，得从唐朝诗仙李白说起。"五岳寻仙不辞远，一生好入名山游"的李白，浪迹天涯，漫游四方，他走遍了祖国的名山大川。

有一年初春，九子山还被积雪覆盖着，李白从秋浦经五溪，直奔青阳，他是应好友韦仲堪之邀，来游九子山的。李白说："韦处士，你知道九子山的来历吗？"韦仲堪向李白讲了"九子战妖的传说"。李白抬头望去，只见莲花峰仁立入云，云雾飘飘走动，把山峰遮住一半，很快就把山峰吞没了，变成茫茫一片。不一会儿，云消雾散，山峦又显现出来。瞬息万变，景色迷人，李白看得如痴如醉，高兴地说："不亲临九子，怎知九子山绚丽多姿？这九子山比花还好看，比画还美，你看，多像出水芙蓉！"

韦仲堪忙说："谪仙高见，很像，像极了。"李白说："芙蓉是花。我想为它改个名字，韦处士意下如何？"韦仲堪求之不得，连忙拱手拜请："正合我意，请给九子赐名！"李白说："改名九华（花）山好不好？"韦仲堪说："九华山，好，太好了！"从此九子山就更名为九华山了。

九华历经宋、元、明、清各代兴建，日益鼎盛。仅佛寺已达300余座。僧众4000有余，香烟缭绕，常年不绝。所以九华山又有"佛国仙城""蓬华佛国"之称。现尚存古刹78座，最著名的有化成寺、月身宝殿、祇国寺、甘露寺、百岁宫等，计有佛像1500余尊。另藏明万历皇帝颁赐的圣旨、藏经及其他玉印、法器等文物1300余件。百岁宫内还供有"应身菩萨"，即无瑕禅师的肉身坐像。

黄　山

　　黄山风景名胜区位于安徽省黄山市，是第一批国家重点风景名胜区，被联合国教科文组织列为世界自然文化遗产。

　　黄山位于黄山市北部，方圆 250 千米，以奇松、怪石、云海、温泉四绝著名，有"五岳归来不看山，黄山归来不看岳"之称。

　　黄山的奇石往往离不开苍劲虬曲的黄山松，许多著名的景点就是由怪石与奇松共同组合的奇景。造型优美、各逞其态的黄山松，构成了"丹崖翠壑千丈画"的黄山美景，其中最出类拔萃的是十大名松：玉屏楼东文殊洞顶的迎客松，玉屏楼下莲花沟旁的蒲团松，鳌鱼峰下高一米多的凤凰松，天都峰顶的探海松，狮子林前的麒麟松，散花精舍东面的黑虎松，始信峰下的连理松、龙爪松，始信峰上的接引松和石笋石工的卧龙松。

　　黄山四绝中以云海最为瑰丽神奇，具有神秘的动态美。观赏云海的地点应随云的顶层高度而异。当云顶高度在 1600 米以下时，以玉屏楼观南海，清凉台观北海，白鹅岭观东海，排云亭观西海，平天石工观天海为最佳；若云顶高度为1600～1800米时，就需要登上黄山三大主峰，才可以纵览五大云海这磅礴奇观。位于狮子峰脚，海拔 1700 米的清凉台是黄山后山观云海的最佳处，也是看日出的理想场所。由于云海的衬托，黄山日出景观显得别具一格。

　　黄山大体上以平天矼为界分为前山和后山两大部分。矼南通称前山，包括天海和前海；矼北概属后山，包括后海、西海及东海北部。

　　前山雄伟险峻，突兀峥嵘，海拔 1000 米以上的高峰群集于此，拥有著名的三大主峰，即第一高峰莲花峰、峰顶平坦的光明顶和奇险难登的天都峰，是风景区的精华所在。后山的旅游路线以北海宾馆为中心，西到排云亭、飞来石和西海诸峰，东抵始信峰和石笋矼，向北则达松谷庵和芙蓉岭，以清凉幽静、深潭碧池的特色，构成了别具风韵的后山风光。

黄山温泉区　位于黄山南麓，目前是黄山旅游的接待中心，这里别墅成群，楼阁遍布。紫云峰下的桃花溪水声淙淙，溪上的名泉上桥车水马龙。这里可以浴汤池、听流泉、观飞瀑。

黄山温泉古称汤泉，它以神秘的神话传说和特异的医疗功能而誉满神州。流传最广影响最大的传说就是黄帝在这里浸浴 7 天，全身皱皮脱落随水流去，然后乘龙升天的故事。黄山温泉能帮助旅游者涤污去尘、消除疲劳，对某些疾病具有一定疗效。黄山宾馆温泉主要含碳酸氢成分，属重碳酸盐泉。矿化度低，属于淡温泉。平均水温 42℃，水质纯优，无色无臭，清澈甘醇，可饮可浴。

与汤泉同样引人入胜的还有温泉风景区的旖旎风光与飞瀑流泉。在温泉宾馆左侧不远的山路上，还有一座六方翘角、顶覆琉璃的观瀑亭，它是专门为观赏黄山三大名瀑之一的"百丈瀑"而兴建起来的。

百丈瀑在清潭、紫云两峰间，飞泉倾泻，势如银河天降。人字瀑在温泉疗养院后的紫石、朱砂两峰之间，背后是天都峰，故又称"天都瀑布""飞雨泉"，瀑布分左右两支飞泻而下，远望恰如一个巨大的人字。

猴谷　在黄山南大门东南，车行 5 千米即到。这猴谷是黄山 12 群短尾猴中一群的栖息地。黄山短尾猴是举世闻名的灵长类濒危珍稀动物，是猴家族中体形最大、尾巴最短的一种。它与人类的血缘关系较近。这个猴群平时在周围的群山中游戏，每天四次投食时自动全部回归，此时游人才可欣赏到这个猴群集体。

天都峰　为黄山三大主峰中最险峻者。要沿着坡度70°以上、窄仅容身、宽不盈足的由 1564 级台阶构成的"天梯"拾级而上，并非易事，令人有"难于上青天"之感。攀登途中立有一道刻有"天上玉屏"的石屏风。在云飞雾绕之中朝北望去，只见邻近耕云峰上两块长石横架山顶，像两个犁尖在耕云犁雾。

再远观右前方的石笋矼，已经变成了"羊子过江""仙人飘海"等一系列奇景。过"天上玉屏"，又有一巨石横架山梁，石上白云浮腾，石下茫茫一片，人称天桥。前面悬崖上有一古松引体伸向前海，犹如苍龙探海，故称探海松。从"天桥"南端越过"之"字形的石阶，便爬上了天都峰上最惊险的"鲫鱼背"，这是一段长10余米，宽仅一米，两侧凌空、下临深渊的石质刃脊，前人所谓"天都欲上路难通"，指的就是这一段。过鲫鱼背还要穿过三个石洞才能抵天都峰顶，过第一个石洞时，回首返顾，只见洞顶有三个形似石桃的圆石，传说是孙悟空从天上扔下仙桃变成的"仙桃石"，实际上是花岗岩经过球状风化的产物。第二个洞较大，可容百余人，向称石室，室外有块石头像醉仙斜卧洞外，取名"仙人把洞门"。穿过三个石洞，便到达海拔1810米的天都峰顶。峰顶一面高约数十米的石壁上刻有"登峰造极"四个大字。站在顶平如掌的天都峰巅，无限风光，顿使人们心旷神怡。现从半山寺有一条全长2千米，绕过鲫鱼背的登山新道，沿途风光依旧而登顶难度减轻。

一线天 从天都峰顶下来，顺磴道往文殊院方向北上，经小心坡、蒲团石、渡仙桥诸景点可达沿垂直裂隙风化而成的"一线天"奇境。这是一条狭长的石巷，高达30余米的两侧石壁紧紧夹峙，壁下有80余级高低不平的石阶铺砌其中，最宽处两米，窄处只有半米，仅容一人通行。仰望长空，蓝天一线，因而得名"一线天"。其规模之巨大、景色之奇特为国内所罕见。过一线天，回头一望，眼前出现了三座参差不齐、直立如笋的石柱，石上奇松挺立，白云萦回其间，石尖微露，有如海上仙山，故名蓬莱三岛。

玉屏楼 又叫文殊院。站在玉屏楼前文殊台上可以饱览两峰秀色：左看天都，近乎垂直的金字塔形，右看莲花，整个山体就像一朵"突兀撑青穹"的盛开芙蓉。玉屏楼地处黄山三大主峰的中心，这里几乎集黄山奇景之大成，徐霞客把这里称为"黄山绝胜处"。迎客松在玉屏楼，树围130厘米，高10多米，树冠约90平方米，平伸"双臂"，似在热情洋溢地欢迎远道而来的嘉宾。

莲花峰 海拔1873米，是安徽省第一高峰，融雄伟俏丽于一体，是当之无愧的"菡萏金芙蓉"。峰顶为一个中心低凹四周隆起的石槽，名曰石船，实际上是一个瞭望台，登台远眺，群峰俯首。

由莲花峰返回莲花岭往北行，攀越百余级石磴的"百步云梯"，经过"老僧入定"奇石，穿过惟妙惟肖的鳌鱼洞，就进入位居"四海"之中的"天海"。

光明顶 在离天海不远处，海拔1841米，为黄山第二高峰。峰顶曾多次出现与峨眉"宝光"类似的"佛光"现象，因而被命名为光明顶。光明顶地势高旷，所以是看日出、观云海的极佳处所。

光明顶西去，过平天矼，就看到了变幻莫测的西海群峰。每当云雾萦绕，层层叠叠的峰峦时隐时现，酷似浩瀚海洋中的无数岛屿。较著名的山峰有双笋峰、石床峰、尖刀峰和飞来峰等。

排云亭 在西海群峰的北侧，亭前有铁索石栏，西临深壑，形势险峻。坐在亭上可以观赏西海的排云叠浪景色，故有排云亭之称。排云亭前面有深直的峡谷，峡谷西侧苍松青翠，绝壁摩天，谷地中间群峰参差，怪石嶙峋。视野所及可以观赏到仙人晒靴、天女散花、武松打虎、仙人踩高跷和猫头鹰、天犬、牌坊峰、手指峰等一系列名神形绝的石景奇观。

西海步仙桥 在排云亭看到的西海，现已开发为一个新景区，从天海直下西海，共有6个观景台，10处泉水，51个景点，全长5行米多，5000多级台阶，山、水、松、石、桥、路，步移景换，美不胜收。重要景点有壁挂松、人间天上、天鸡下蛋、镇海威灵、金丝待哺、悟空跳板、琼瑶仙境、仙人双洞、步仙桥、一步桥、佛光普照、龙蛇道、童子戏鸭等。

北海宾馆 由排云亭向东可抵北海宾馆。这里海拔1700余米，夏季极为凉爽。登楼倚窗可以尽情观赏峰峦怪石、花卉奇松、云海日出和晚霞夕照等天然美景。

宾馆对面是雄伟的狮子峰，狮首有丹霞峰，腰上有清凉台，狮尾有曙光亭。南坡有一古庙称狮林精舍或狮子林。附近森林茂密，古树参天，有麒麟、宝塔等奇松和蒲团、凤凰等古柏，享有"没到狮子峰，不见黄山踪"的盛誉。

北海宾馆右侧有一圆形平台，台前是被誉为"风景橱窗"的散花坞。每当春夏之际，这里繁花似锦，艳丽绝伦。散花坞实际上是个宽谷，谷中峰峦参差，著名的梦笔生花、笔架峰、骆驼石、飞来石和上升峰等错列其间。

北海宾馆为中心的地区，东起始信峰，西至排云亭，南抵飞来石，是全山巧石最集中、造型最奇特的一个石景荟萃区。最著名的是"梦笔生花"。在观景台上可以看见松海中耸立着一根独立的石柱，下部直如笔杆，上端酷似笔尖，笔杆与笔尖之间夹一石缝，"笔尖"的顶端还长出一株奇异的古松，这就是石笔所生的"花"。"梦笔生花"一词出典于"李太白少时，梦所用之笔头上生花，后天才赡逸，名闻天下"。在笔峰的对面，俨然是一个惟妙惟肖的笔架，故

而得名"笔架峰"。其他如"骆驼石""飞来石""姜太公钓鱼""猪八戒吃西瓜""猴子望太平"（猴子观海）等都是后山较有名气的造型石景。

北海宾馆东方的石笋矼，号称黄山第一奇观。矼上一根根石柱参差林立，如同雨后春笋，称为"十八罗汉朝南海"。

清凉台位于狮子峰脚，海拔 1700 米，是黄山后山观云海的最佳处，也是看日出的理想场所。

始信峰峰顶被一道巨大的垂直裂隙一分为二，两侧陡壁高约 100 米，间距 3 米左右，一座称为仙人桥或称渡仙桥的小桥横跨其上。桥畔石隙间一株古松独"臂"长伸，好像在接引游人过桥，这就是历史上著名的接引松。过仙人桥再上即至始信峰顶，这是一个弯曲的平台，台上奇松巧石，充满诗情画意。在始信峰顶凭栏环顾，只见对面的上升、石笋二峰前面有一排怪石，它们与奇松搭伴，构成了令人遐想的奇景异观。远眺仙人峰和后山诸峰，更是峰峦重叠、奇石竞巧、松云掩映、层次分明。特别是隔溪相望的石笋矼，石柱林立，形同竹笋，千姿百态，如人似仙，呈现出独树一帜的石林奇观。每当黎明破晓，旭日东升，朝霞遍染群峰，烟云弥漫深壑，远方峰峦微露，胜似蓬莱仙境。"岂有此理，说也不信；真正绝妙，到此方知"的对联，生动说明了始信峰得名的由来。正由于黄山"三奇"毕聚于此，天然奇景概览无遗，因此始信峰几乎成为黄山的一个缩影。

松谷庵始建于宋代，明代重修，位于一个比较开阔的山间谷地之中，背倚叠嶂峰，面临松谷溪，庵前翠竹如海，诸潭环布，景色清幽。自北海宾馆到松谷庵约 10 千米的路程中，沿途茂林修竹，植被繁盛。

五龙潭和翡翠池在后山松谷溪旁，星罗棋布着 6 个著名的池潭，由山洪长年冲蚀形成。依其水色、深浅的差别分别称作赤龙潭、青龙潭、乌龙潭、白龙潭和老龙潭，合称"五龙潭"。另有一个面积较大的潭以水深形美而得名"翡翠池"。这 6 个各具风姿的池潭中，以乌龙潭、翡翠池和老龙潭的景色尤为佳丽。

九龙瀑位于云谷寺和苦竹溪之间，在香炉、罗汉两峰间的悬崖上九折而下，一折一潭，九瀑九潭，九龙潭即由此得名。每逢大雨之后，瀑水从天而降，流而复折，折而复聚，每折百余尺，悬于千仞绝壁之上，宛如九条白龙腾空飞舞，气势雄伟，姿态美妙，被誉为黄山三大名瀑之冠。

琅琊山

　　琅琊山风景名胜区是国家重点风景名胜区，位于安徽省滁州市，包括琅琊山、城西湖、姑山湖、三古四大景区，面积 115 平方千米。

　　琅琊山主要山峰有摩陀岭、凤凰山、大丰山、小丰山等，以茂林、幽洞、碧湖、流泉为主要景观特色。琅琊山人文景观丰富，有始建于唐代的琅琊寺。醉翁亭为我国四大名亭之一，它和丰乐亭都因镌有欧阳修文、苏东坡字而著名。三古景区（古关隘、古驿道、古战场）、卜家墩古遗址留下了大量的古迹和文物。此外著名碑碣有唐代吴道子画观音像，唐代李幼卿等摩崖石刻，元代数百处摩崖石刻等。区内动植物种类繁多，乔木树种有 327 种。

　　琅琊山在滁州市区西南 5 千米处，古称摩陀岭，西晋伐吴时琅琊王司马仙曾经驻兵于此，因而得名。最高峰 317 米。山中有唐建琅琊寺、宋建醉翁亭等古建筑群，唐、宋以来摩崖、碑刻数百处，以及酿泉、归云洞、雪鸿洞、石上松、无梁殿、南天门诸胜迹。琳官梵宇，隐伏山际，茂林深树，景色清幽，古有"蓬莱之后无别山"之誉，是历史上有名的风景区。唐代韦应物，宋代欧阳修、曾巩、苏轼，明代宋濂等名家，均有诗文记其胜。

　　醉翁亭　在琅琊山中。北宋庆历六年（1046 年）欧阳修任滁州知州时，山僧智仙建亭于酿泉旁，为游息之所。欧阳修登亭饮酒，"饮少辄醉"，故此亭被命名为醉翁亭，欧阳修自号"醉翁"，并撰脍炙人口的《醉翁亭记》以记其事。亭屡经兴废，布局严谨小巧，曲折幽深，富有诗情画意。亭周围有二贤堂、冯公祠、古梅亭、怡亭、意在亭、九曲流觞、醒园等胜迹。醉翁亭中壁上有苏东坡手书《醉翁亭记》全文，笔法遒劲有力，豪气奔放。亭前有酿泉，泉眼旁用石块砌成方池，水池 1 米见方，池深 0.67 米。酿泉水温终年保持在 17～18℃。泉旁是常流不息的山溪。

　　醉翁亭一带的建筑，布局紧凑别致，亭台小巧独特，面积不到 1000 平方

米，却有 9 处互不雷同的景致。醉翁亭、宝宋斋、冯公祠、古梅亭、影香亭、怡亭、意在亭、古梅台、览余台，风格各异，人称"醉翁九景"，显示了古代劳动人民高超的建筑技艺。

琅琊寺依山傍林，建筑雄伟，月洞形山门上书"琅琊胜景"四个大字。寺内最大的建筑是大雄宝殿和藏经楼。大雄宝殿高 14 米，雕梁画栋，殿内塑有如来佛、观世音、十八罗汉，个个栩栩如生。藏经楼建在寺院的最高处，相传唐玄奘从印度取经回来，曾将一部《贝叶经》藏于此处。寺院大部分是民国初年重修的，除了部分明代建筑外，还有唐碑、宋刻，具有较高的历史文物价值。

寺院东有松、竹、梅三友亭和濯缨泉，泉池约两米见方，3 米多深，泉壁上刻有"濯缨"二字，是明代嘉靖年间郑大同所制。"濯缨"，原意为洗涤系帽子的丝带，后用以表示避世隐居或清高自守之意。濯缨泉水晶莹澄澈，甘甜可口，常年喷涌不绝。

藏经楼后半山腰有雪鸿洞，洞口危石为门，危石上有两株古朴多姿的榆树。洞的正面有一个大"佛"字，另有两块石刻，一块为"丙子面壁处"，另一块有 3 米多高，上刻"南无释迦牟尼"，字大如斗，相传为宋太祖赵匡胤所写。洞内四壁及顶部皆为巨石，奇险嶙峋，神秘莫测。雪鸿洞上面不远处便是归云洞。山洞"石峦离立，如斧削刀截。巨石横门，欹危如坠。朝雾暮云，迷离缥缈，故名'归云'。"此间一向为游人必到之处，历代有许多骚人墨客赋诗题赞。

庐　山

庐山位于长江中游南岸、鄱阳湖滨，是座地垒式断块山。大山、大江、大湖浑然一体，险峻与柔丽相济，素以"雄、奇、险、秀"闻名于世。

庐山古名叫敷浅原，又叫南彰山、天子彰等。相传在周朝，有个名叫匡俗的人，带着兄弟到山上隐居，盖茅庐数间为舍。周王想请匡氏兄弟下山为官，派人来访，可是，匡氏兄弟已杳如黄鹤，不知去向，只剩下几间空庐，此后，人们就叫这座山为匡山、匡庐或庐山。

另一种传说，也是周朝时，有位叫方辅的人，同老子李耳一道骑白驴入山炼丹，二人也都"得道成仙"，山上只留下一座空庐——"人去庐存"，因此称此山为"庐山"。

第三种传说，仍然是匡俗的故事，但时间、情节皆不同。时在汉初，匡俗的父亲东野王曾辅佐刘邦平定天下，不幸逝世。朝廷为表彰东野王的功绩，便封其子匡俗于阳（今鄱阳县一部分），号越庐君。越庐君匡俗酷爱道术，弃官入山学道求仙。这座越庐君学道求仙的山，被人们称为庐山。

有人认为庐山的名称，是因为山岳的形状而命名的。庐，庐舍也，庐山巍然屹立在辽阔的鄱阳湖平原上，恰如"中田有庐"（《诗经·小雅·信南山》）的形状。

晋朝思想家孙放在他的《庐山赋》中说，"寻阳郡南有庐山，九江之镇也，临彭蠡之泽，持平敞之原"，也是这个意思。故庐山名称的来历，应得之于它自身四围峻拔，中间平凹的形状。

也有人认为庐山的命名是有历史依据的。庐山地区的长江北岸，即今安徽合肥、六安一带，古代曾有个"庐子国"。

春秋战国时期，"庐子国"成了楚国的一部分。据《国语·楚语》记载，楚王曾去过庐邑。秦汉时期的庐江县、庐江国、庐江郡以及后来的庐州，都是

因庐邑和庐子国而得名的。

后来，庐邑范围逐渐向南扩展，在它境内的山被命名为"庐山"。庐山在汉代已是众所周知的名山，它的得名，不会晚于汉文帝设置庐江国和随后设置庐江郡的时间，距今已有 2100 多年的历史了。

公元 391 年，佛教领袖慧远建立东林寺，是中国最早的寺庙园林。慧远在庐山活动了 36 年，创建净土法门，使庐山成为中国南方的佛教中心。公元 5 世纪，南朝道士陆修静在庐山开创道教南天师派。唐代马祖道在山上开创佛教临济宗和沩仰宗，影响极大。到宋代，庐山有寺庙多达 361 座。明清以后，伊斯兰教、基督教、天主教也在庐山建堂传教。经过 1600 年的发展，庐山已形成一山兼聚五教的罕见现象。

庐山白鹿洞书院创建于公元 940 年，居中国古代四大书院之首。宋代理学大师朱熹在此提出的教育思想成为中国古代教育的准则，在世界教育史上也有重要影响。

滕王阁

　　滕王阁位于南昌市沿江北路与叠山路口的南边，这里也是赣江与抚河的汇合处。自古它就与黄鹤楼、岳阳楼和蓬莱阁并称为四大名楼。

　　唐永徽四年（公元653年），唐太宗的弟弟滕王李元婴兴建了这座楼。李元婴一日带着随从到赣江边欣赏风景。幕僚中马上有人建议在临江的冈峦上建一座阁楼。"既可揽山川之秀，又可极歌舞之乐"。李元婴认为这主意不错，于是不久一座雄伟的高楼在临江的丘冈上落成了。

　　那一年的9月9日，洪都府的阎都督邀请当地名人雅士想请他们为滕王阁写个序。而实际上阎都督早就安排自己的女婿在这之前写好了一份序，想借此机会宣扬宣扬。被请之人都明白这一切，所以都不敢轻易接受写序的任务。恰好王勃被贬路过此地，知道请人写序的事情后也赶来了。但他不知道内幕，当请他写的时候，他并没有推辞，提笔就书。阎都督心中当然不快，借故退到了后室。让小吏把王勃写的内容一句句报给他听。开始的时候阎都督觉得王勃所写也很平常，但到后来就不做声了，等王勃写到"落霞与孤鹜齐飞，秋水共长天一色"的时候，阎都督拍案而起，大称王勃是天才，并更换了衣服走出来拉着王勃的手与他一起喝酒。

　　滕王阁在历史上的兴废更迭达29次之多，现在的滕王阁主阁落成于1989年10月8日，共9层，高57.5米，南北配有回廊连接的两个辅亭，建筑面积13 000多平方米。濒临南浦，面对西山，视野开阔，距唐代阁址仅百余米，主体建筑为宋式仿木结构，碧瓦丹柱，雕梁飞檐，气势颇为雄伟。

仙女湖

　　仙女湖风景名胜区是国家重点风景名胜区，位于江西省新余市，面积480平方千米，其中湖面50平方千米，分为舞龙湖、状元峡、铃阳湖三个景区。

　　1600多年前，东晋文学家干宝所撰《搜神记》卷14第354条《毛衣女》中记载："豫章（按今南昌）新喻（按今新余）县男子，见田中有六七女皆衣毛衣，不知是鸟，匍匐往，得其一女所解毛衣，取藏之。即往就诸鸟，诸鸟各飞去，一鸟独不得去，男子娶以为妇，生三女……"民间文学家认为这是见诸文学关于"仙女下凡"的最早记载。

　　仙女湖山岛湖汊众多，空间开合有致，尺度宜人，山水缠绵相依，生态植被良好，旅游资源丰富。湖面波光泛彩，四周群山拱卫，山水缠绵相依。湖水水色独特、水态多变、景幻无穷。湖中百余个形态各异的岛屿星罗棋布，犹如颗颗水上碧螺。湖周茂林修竹、苍松翠柏、响泉流瀑、茅舍村寨、飞禽走兽，天然成趣。仙女湖辽阔的清波碧浪，蕴藏着丰富的渔业资源。

舞龙湖景区位于东部，港湾纵横，岛屿闪烁，青山滴翠。每当春季来临，数以万计的翩翩白鹭憩息嬉戏在这水岛山林之间，堪称江南奇观。

状元峡景区在中部，水流湍急，蜿蜒如带，斗折蛇行，可谓"两岸对峙倚霄汉，昂首只见一线天。"人称"小三峡"。

钤阳湖景区在西部，平湖无垠，烟波浩渺，渔帆点点，令人心旷神怡。

龙王岛是一个孤岛，在舞龙湖景区，海拔190米，因山顶上有一座历史悠久的龙王庙而得名。沿着2500余级石阶拾级而上，攀到山顶的邃怀亭，极目四望，只见山峦重叠、山水缠绵、烟波浩渺。

洪阳古洞是一座喀斯特溶洞。蜿蜒的洞体全长450米，洞室总面积8500平方米。洞中石钟乳遍布上下，错落有致，扑朔迷离，千姿百态，美不胜收，冬暖夏凉，气候宜人。

黛山秀水之间，名胜古迹荟萃。有江西第一状元唐代文学家卢肇的读书台和他题名作序的阅城君庙（又名昌山庙）；有明朝权相严嵩幼年读书遇狐仙时的洪阳古洞（也名严嵩洞）和他捐资修建的万年桥及其著书立说的钤山堂；有明朝大科学家宋应星撰写科学巨著《天工开物》的所在地——分宜古县城；有宋朝修建的赣西名刹——龙王庙。另外，还有严嵩故里、东汉古陶窑、钤岗八景、北山庙、肖公庙、太子庙等遗址，有毛泽东、彭德怀、王首道、王震、萧克等一大批无产阶级革命家战斗过的遗址。

此处，毛衣女雕塑、会仙台、闻仙塔、蛇岛、猴岛及各式亭、台、楼、阁、廊、庙等20多个景点，仙女湖也成为山林观光、洞穴探奇、古建筑鉴赏、古遗址揭秘的游览胜地。

武夷山

　　武夷山风景名胜区位于福建省西北部武夷山市境内，在市区以南约 15 千米处，在武夷山脉北段的东南麓，景区面积约 70 平方千米。这里是典型的丹霞地貌，经过亿万年大自然的不断雕琢，形成了奇峰峭拔、秀水潆洄、碧水丹峰、风光绝胜的美景，"水有三三胜，峰有六六奇"，被誉为"奇秀甲东南"。

　　武夷山是一座历史文化名山，古人称："东周孔丘，南宋朱熹，北有泰岳，南有武夷。"南宋理学家朱熹在此居住 40 多年。设帐授徒，著书立说，使这里成为中国东南文化的中心，被誉为"道南理窟"。道家也把这里称为"第十六洞天"。历代文人雅士在此写下的赞美诗文不下 2000 篇，题镌摩崖石刻有 400 多处，这些丰富的人文史迹，也为名山增添风采。而古越人的架壑船棺、汉代的古城墟、宋代的古瓷窑遗址和元代的御茶园等，使武夷山更成为人们访古探奇，寻幽览胜之地。

　　远古时候，武夷山没有名字。相传古时，武夷山的幔亭峰上住着一位姓彭的老人。当时，洪水成灾，百姓久无宁日。老人就带领村民开山治水。到了白眉白须的时候，他已是远近闻名的开山始祖了，于是人们尊称他为"彭祖"。

　　彭祖有两个儿子，一个叫彭武、一个叫彭夷。彭祖活到 880 岁的时候，被玉帝召上天成仙去了。临走时只留下一把斧子、一柄锄头和一弯弓箭，嘱咐两个儿子要继承祖业，日夜开山治水，造福村民。兄弟俩终不忘父训，把这一带装点成人间仙境，村民过上了鸡犬相闻、五谷丰登的日子。彭武、彭夷去世后，人们为了报答他们的恩情，就以兄弟俩的名字命名他们的居所，称之为"武夷山"。

　　另一种说法是：当地聚居着闽越族的一个支族，其首领叫武夷君，故作为古越人栖息之地而得名。

鼓浪屿—万石山

鼓浪屿—万石山风景名胜区是国家重点风景名胜区，位于福建省厦门岛南部，与金门岛隔海相望，总面积230多平方千米。

相传远古的时候，这里是白鹭栖息的地方，因此厦门别称鹭岛。清初民族英雄郑成功驻师岛上，设厦门为"思明州"。

鼓浪屿　是厦门市南部一小岛，享有"海上花园"之称。岛上冈峦起伏，露天岩多呈球块状，日光岩、英雄山等巨石堆垒，势如涌出。景区内四季花开，林木苍翠，花草斑斓，建筑多依山而筑，在繁茂的林木中掩映着一幢幢色彩艳丽、造型美观的别墅洋楼，环境幽雅，景色十分优美。鼓浪屿是有名的钢琴城。该岛历史上建筑以小别墅建筑为主，禁止机动车上岛，成为一处宁静的风景区。

岛上的日光岩、延平公园、菽庄公园、浴场连在一起。菽庄外的港仔后海滩，沙平浪静，是一处理想的海滨浴场。

日光岩高 90 米，是岛上最高峰，每当旭日初升，阳光可正射到山岩和寺宇内，故得此名。登临日光岩顶峰，俯瞰四周岛海江城自然风光。寺后怪石嵯峨，石壁上有"天风海涛""鼓浪洞天"等题刻。山麓有日光寺。

日光岩下建有郑成功纪念馆。明末清初，郑成功曾以厦门为基地，一举收复台湾。当年郑成功训练水师的遗址尚存。

菽庄 在鼓浪屿日光岩南，以其"藏海补山"的特征、跨海四十四桥和叠石奇观，成为著名的海滨花园，一向有不游菽庄不算到厦门之说。菽庄原为私人花园，建国后园主把它献给国家。菽庄分藏海园和补山园两部分。两园各分 5 景。前 5 景是：眉寿堂、壬秋阁、真率亭、四十四桥、招凉亭；后 5 景是：顽石山房、十二洞天、亦爱吾庐、听潮楼、小兰亭。另外，还有熙春亭、茆亭、伞亭等。进园门为一小庭院，右首为眉寿堂，辟为茶室。从眉寿堂出，或者过左首圆门，即是辽阔大海。所谓"藏海"之意在此。穿花廊到壬秋阁和真率亭。四十四桥从真率亭畔入海。桥长 100 余米，在碧波滚滚的海上犹如一道美丽的长虹。桥上有亭数座，桥头前方有二巨石立于海上，上有"海阔天空""枕流"刻记。补山园中主要名胜为"十二洞天"，俗称"猴洞"，是一座人工砌筑的假山。山中有 12 座人工洞室。洞间有盘旋曲折的小径。

万石岩 在厦门市东郊狮山。这里巨大的孤石散布万千，奇岩怪石构成独特地质景观，万石禅寺坐落在万石丛中。岩巅有"万笏朝天"石刻。这是国内花岗岩石蛋分布集中、修整最别致的一个丘陵花园，庙宇风光配以后山摩崖石刻和花岗岩风化垒石（石蛋风光），称为花岗岩公园。

自万石岩水库右侧登山，有醉仙岩。岩下曾有泉源，称"醴泉"。再上到天界寺、长啸洞。长啸洞两头贯通，风吹时如同虎啸，天界寺后峰危崖耸立，上镌"天界"二字。

狮山主峰称太平岩。太平岩前悬崖夹道，景色奇绝。其中"太平石笑"石景为四石相叠，上两石一端张开，宛如开口在笑。明题咏："忽见石开口，不闻石有声。夜因吞月色，朝为吐云情。饮露千年饱，餐风一味清。太平真好景，长笑息兵征。"相传，"石笑"前为郑成功读书处，附近有太平岩寺。

南普陀寺　在厦门市南的五老峰下，因寺在普陀山之南，又供奉观世音菩萨，故名南普陀寺。始建于唐代，于今已有 1000 余年历史。寺内包括天王殿、大雄殿、大悲殿、藏经阁、钟鼓楼等建筑，均为近代重修，翘角飞檐，富丽堂皇，营造精致，为闽南佛地之一。寺附近有很多石刻题记。其中，寺后山石上镌刻的特大"佛"字，特别醒目。

南普陀寺在近代中国佛教界有颇大影响。许多华侨归来，总要到南普陀一游。另外，南普陀寺中的素斋，风味独特。

万石植物园　即厦门园林植物园，广种松杉、棕榈、茶花、杜鹃、玫瑰等园林植物，有热带、亚热带观赏树木 4000 余种，并建有温室、亭榭等建筑，山光水色，引人入胜。

虎溪岩　有虎岩、波月洞、一线天、白鹿洞等名胜，以自然风光取胜，配以佛殿和泥塑猛虎。

太姥山

太姥山风景名胜区是国家重点风景名胜区，位于福建省福鼎市南部，面积约100平方千米。

太姥山旧名才山、太母山，相传尧时有老母种兰山中，晚逢道士点化成仙，故名太母。汉武帝封太母山为三十六名山之首，命东方朔授天下第一山，改母为姥成今名。

太姥山高约1000米，屹立东海之滨，裸露的花岗岩形成峡谷、峭壁、深渊等多种景观，有五十四峰、四十五石、二十四洞、十岩、九泉、三溪，特别是具有各种民间传说的造型景石360余处，著名的有二佛谈经、仙人锯板、云标石、一片瓦、七星洞、一线天等风景，珍珠泉、七龙泉、九曲泉、兰溪、九鲤溪及溪口、龙庭、赤鲤三大瀑布等泉、溪、瀑布也富有特色。太姥山峰险、石奇、洞异、云浓称为四绝，素有"海山仙都"之称。

太姥山人文景观丰富，有朱熹隐居处、郑樵讲学处、明抗倭古战场及历代摩崖石刻数十处，还有国兴寺、白云寺等规模较大的寺庙。

太姥山峰峦交错，峡谷渊深，陡壁如削，享有"云横断壁千层险"之誉。迎仙峰、象鼻峰、莲花峰等山，峰峰险峻，各具神姿。峰谷之间，飞瀑凌空，瀑布或如彩虹夕照，或如白练悬珠，下面溪水澄碧，卵石游鱼历历可数。

太姥山奇石众多，如同神力雕琢的千百个雕塑群，蔚为奇观，古人赞道："太姥无俗石，个个是神工。"其中"夫妻岩"如夫妻相偎，喁喁低诉；"金龟

爬壁"是一巨龟附壁奋力上攀，岩石上还留下它道道爪痕；"沙弥拜月"恰似一小和尚对月顶礼；"九鲤朝天"恰似云海之中巨鲤在海浪里翻腾嬉戏。

太姥山岩洞多为巨石叠成，深幽曲折。"通海洞"可通海面；"通天洞"直达峰顶；"滴水洞"终年滴水；"神仙洞"神奇难测。有的洞可观日，有的洞可望海。"一线天"洞长60米，高37米，路陡且狭，仅容一人。"七星洞"人入洞中，7枚巨石悬于头顶，宛若空中之星。

白云寺　位于太姥山巅，创建于唐代，是太姥山主要寺庙，明清两代曾被授权管辖全山寺庙。它是佛教临济宗太姥山派的祖庭。主要建筑太姥阁在太姥山绝顶摩霄峰上，中为护法太姥殿，两庑为僧舍，雄伟壮观，是太姥山标志性建筑，1996年重新翻建。

一片瓦　是太姥山的著名景点。它是一整块巨大的花岗岩石块，滚落在两根花岗岩柱之间，天然构成了一间高4～5米，面积约20平方米的石屋，顶上的一整块石块像一片瓦一样覆盖其上，居然达到天衣无缝的程度。山上的僧人借此建了寺庙，称为"太姥山福如洞"。

摩霄峰　高耸云端，巍峨秀拔，为太姥山主峰，是观海上日出的好地方，日出时只见"日光红涌海潮门"，色彩极为壮观。

国兴寺　创建于唐代，是太姥山中规模较大的名寺，至今尚存唐代石塔、石柱和碑刻，其宏大的规模可从残存的7根大石柱上窥见一斑。这样的石柱原有360根。这座名寺前有两棵千年铁树，这两棵铁树原生长在太姥山下的秦屿古镇，后移植上山，栽种在国兴寺前。

玉湖庵　相传为宋代朱熹草堂遗址，并传说朱熹曾在璇矶洞（今观音洞）内疏注《中庸》。附近多宋、元、明摩崖石刻。

路南石林

石林风景区位于云南省路南彝族自治县境内，距昆明市 126 千米，是由形态各异的石灰岩岩溶地貌组成的风景区。

在石林还流传着一些美妙、动人的传说故事。传说东山上住着一个老神仙，他有神鞭，可以驱赶怪石。人们为了解除这重重的困难，就去烧香祈求老神仙的帮助，但是没良心的老神仙却不肯帮忙。老神仙家有个心地善良的七姑娘，知道了这件事。

有一天，老神仙带着众姐妹去远方做客，七姑娘借故留在家中。等老神仙走了，七姑娘立刻打开神仙宝库，取出了驱石神鞭，每人借一条，她对大家说："你们今晚就动手，快把这片怪石撵到宜良，让南盘江水冲走。"

天黑后，人们就纷纷挥动神鞭，从四面八方驱赶起石头来。人们把石头往南方赶去。不料刚进了路南地界，已是半夜时分，有些顽固的石头不肯快走，拖拖拉拉的。因此，越赶越散，石头队伍越拉越长。东至天生关，南至爱衰衣山，西到雨龙坝，北至和摩站。遍山四野，就好像一群没有头领的山羊。有的独自奔跑，有的结伙拉伴，分成了大大小小的石族部落，走到五棵树，口渴了，看见有一湖水，就争先恐后地喝水。这时，天亮了，石头见了太阳，就再也不走了。原来这神鞭一见太阳也就不灵了。人们只好收起神鞭，就地等待，心想到了晚上天一黑，再继续将这些怪石赶向南盘江去。

不料老神仙却在这天归家。他一见那大石森林已不知去向，往日的大石森林变成了个宽阔平坦的坝子，宝库里的神鞭也不见了，大怒，立刻派六个姑娘将神鞭收回。人们失去了神鞭，再也无法将石头赶到宜良南盘江去。

从此以后，这群石头就在路南定居下来，而五棵树一带，由于石族部落比较集中，显得雄伟巍峨，成了我们今天的游览胜地、天下的一大奇观——石林。

按区内风景点的分布情况，大致可分大石林、小石林、外石林三个游览区，其中大石林区为主景区。路南石林的人口处有一石林湖，湖中有几柱石峰宛如少女出浴，名"出水观音"。由石林湖向南就进入大石林区。大石林景区"林"密峰高，景观奇特，主要有石屏风、石林胜景、且住为佳、莲花峰、剑峰池、极狭通人、双鸟渡食、象踞石台、望峰亭、凤凰梳翅等景点。

滇 池

滇池位于云南省昆明市的西南，古名滇南泽，又称昆明湖。

滇池名称的由来，可归纳为三种说法：一是从地理形态上看，晋人常璩《华阳国志·南中志》中说："滇池县，郡治，故滇国也；有泽，水周围二百里，所出深广，下流浅狭，如倒流，故曰滇池。"另一种说法是寻音考义，认为"滇颠也，言最高之顶"。第三种说法，是从民族称谓来考查，《史记·西南夷列传》有记载，"滇"，在古代是这一地区最大部落的名称，楚将庄蹻进滇后，变服随俗称滇王，故有滇池部落，才有滇池名。

西汉武帝时设益州郡，郡治为滇池县（今晋宁）。元至元十三年（1276年）建立云南行省后，将池畔的鸭赤城改称昆明，成为云南省会的所在地。

滇池是地震断层陷落型湖泊，其外形似一弯新月。湖面的海拔高度为1886米，南北长39千米，东西最宽为13千米。湖岸线长163.2千米，面积为306.3平方千米，容水量为15.7亿立方米，素称"五百里滇池"。滇池风光秀丽，碧波万顷，风帆点点，湖光山色，令人陶醉。四周有云南民族村、云南民族博物馆、西山华亭寺、太华寺、三清阁、龙门、筇竹寺、大观楼及晋宁盘龙寺、郑和公园等风景区。

丽江古城

　　丽江地处金沙江上游，是古代羌人的后裔——纳西族的故乡。丽江古城海拔 2400 米，是丽江纳西族自治县的城市中心。

　　丽江大研镇，屋宇因地势和流水错落起伏，人们以木石与泥土构筑起美观适用的住宅，融入了汉、白、藏民居的传统，形成独特雅致的风格。当地常见的是"三坊一照壁"式民宅，即主房、厢房与壁围成的三合院。每房三间两层，朝南的正房供长辈居住，东西厢房一般由下辈住用。房屋多在两面山墙伸出的檐下，装饰一块鱼形或叶状木片，名曰"悬鱼"，以祈"吉庆有余"。许多庭院门楼雕饰精巧，院内以卵石、瓦片、花砖铺地面，正面堂屋一般有六扇格子门窗，窗心的雕刻大多是四季花卉或吉祥鸟兽。堂前廊檐大多比较宽，是一处温馨惬意的活动空间。

　　一般认为丽江建城始于宋末元初。公元 1253 年，忽必烈南征大理国时，就

曾驻军于此。由此开始，直至清初的近 500 年里，丽江地区皆为中央王朝管辖下的纳西族木氏先祖及木氏土司（1382 年设立）世袭统治。其间，曾遍游云南的明代地理学家徐霞客在《滇游日记》中描述当时丽江城"民房群落，瓦屋栉比"，明末古城居民达千余户，可见城镇营建已颇具规模。

丽江一带迄今流传着一种图画象形文字"东巴文"。这种纳西族先民用来记录东巴教经文的独特文字，是世界上唯一活着的图画象形文。如今分别收藏在中国以及欧美一些国家图书馆、博物馆中的 20 000 多卷东巴经古籍，记录着纳西族千百年辉煌的历史文化。

花溪风景名胜区

花溪风景名胜区位于贵州省贵阳市，离市区 17 千米，面积 550 平方千米。

花溪原名花仡佬，是一个汉、苗、布依、仡佬等民族杂居的地方，20 世纪 30 年代改为今名。抗日战争时期，花溪始辟为公园。新中国成立后又大加扩建，新建了楼台亭阁、步蹬飞桥、茶座花圃。如今，村寨、碾房、稻田、菜园、樵唱、渔歌相交织，使花溪更显得山清水秀，风景如画。南明河纵贯花溪地区，又名花溪河。沿溪两岸，秀峰林立，溪中礁石磊磊，水浅处可以涉足，水深处可泛舟。山水交融，田畴交错，花溪的山与水都各具特色。

花溪的山小而玲珑，秀丽而多姿。景区内有著名的以麟、凤、龟、蛇命名的四山，虽不算高，却充满灵气。麟山上有曲径可攀登，攀上麟山顶点，有一楼阁名"飞云阁"，登阁放眼眺望，花溪风光尽收眼底。凤山苍松翠柏，竹影繁茂，附近有一花圃，四时名花常开不败，花圃旁有玉棋亭。龟山在花溪山水中心，高旷宏阔，山上有一楼阁，与麟山的"飞云阁"相对，名为"中山堂"。站在中山堂俯瞰花溪，流水淙淙，瀑布和山石相间，使整个山区都活灵灵的。蛇山与龟山对峙，中隔一水，蜿蜒起伏，形如巨蟒。山上建有观瀑亭、蛇山亭等。

花溪的水，清澈碧绿，一眼可见底，水中游鱼可数。从花溪桥到碧云窝，河水出入两山对峙之中。溪边的芙蓉洲宛如翡翠铺就，桃花滩似飞起的银练。龟山山麓有坝上桥，桥下河水奔流，瀑布直泻。坝上桥不远即是碧云窝，这里水平如镜，四面突而中间洼，半壁林木参天，浓荫蔽日，古藤蔓萝，掩映日光，一碧无缝，故名碧云。花溪在百步桥又独具特色，有石磴百个，弯弯曲曲置于河坝上，站在桥上，脚下河水奔流不停，有声有势，飞溅的水花如飞珠泻玉。

花溪是花的世界，除人工栽培的花卉外，更多的是漫山遍岭的野花。一年四季，百花争艳，空气飘香，不愧有"花溪"之名。

大理风景名胜区

　　大理风景名胜区是国家重点风景名胜区，位于云南省大理白族自治州，是以苍山洱海为中心的湖泊山岳型风景名胜区，包括剑川县石宝山景区和宾川县鸡足山景区。苍山挺拔秀丽，洱海碧水清波，银苍玉洱，交相辉映，明媚秀丽，形成大理的"风花雪月"四大奇景：下关风、上关花、苍山雪、洱海月。这四景盛名远扬，有人将它编成小诗："下关风，上关花，下关风吹上关花；苍山雪，洱海月，洱海月照苍山雪。"

　　大理是白族等少数民族的聚居地，是"五朵金花"的故乡，有丰富多彩的民俗和许多优美的民间故事、神话传说。

　　大理市在滇西，是大理白族自治州首府，是洱海之滨的国家历史文化名城，由大理老城和下关（市区）两部分组成。汉属益州，唐宋为南诏、大理的国都，元为大理路治，明清为大理府治。旧城三月街又名观音街，是白族三月集市古街。街旁有记述元忽必烈平大理国并建云南行省史实的世祖皇帝平云南碑。旧城南的感通寺，为南诏、大理国时期的名刹。下关附近有南诏时期的蛇骨塔和佛舍利塔，塔北有南诏国早期都城太和城遗址，遗址上有著名的南诏德化碑，记述着南诏初期历史及与唐王朝的关系。下关东北的团山是一览市区和苍山洱海风光的佳地，建有洱海公园。

　　点苍山又名灵鹫山、苍山，位于大理市西北，是横断山脉中段的一座名山。云、雪、峰、溪是苍山的四大奇观。

　　苍山由北向南，绵延约50千米，屏列着雄峻的苍山十九峰。主峰马龙峰，海拔4112米。苍山群峰嵯峨壁立，挺立云端，峰顶紫云载雪，银光闪烁。十九峰间清泉奔泻，形成苍山十八溪。山中碧溪飞瀑，古树参天，风景别有洞天。苍山的飞云变幻多姿，时而淡如轻烟横拖，时而浓似泼墨凝聚，变幻莫测，尤其以"玉带云"和"望夫云"最著名。在夏秋之交，常有一条乳白色的"玉带

云"横束在苍翠的山腰。有时，碧空中会突然出现一团灰白色的云，宛如一位白族少女探身眺望着洱海，这就是"望夫云"。

苍山有 3000 多种植物，是我国植物资源宝库。

蝴蝶泉在苍山云弄峰，原名无底泉，有许多动人的传说，相传古代一对情人在此投潭殉情化为一对蝴蝶，故名蝴蝶泉，是大理著名景点。电影《五朵金花》中"蝴蝶泉边找金花"描写的就是这里。

蝴蝶泉　深约 4 米，水面 20 平方米，围有大理石栏杆。泉旁边有一棵古老的合欢树，枝干覆盖泉上，每年春夏之时，繁花满树，无数蝴蝶会集于此，上下翻飞，当地称为蝴蝶会。现蝴蝶泉周围配建有许多建筑，形成面积达百亩的蝴蝶泉公园。

洱海　在大理城北、苍山脚下，长 42 千米，宽 25 千米，形如人耳，方圆百余千米，湖面海拔 1966 米，是著名的高原淡水湖泊。

洱海湖水清澈，常有风浪，天光水色，变幻莫测。湖周田野阡陌纵横，渔村错落有致，颇有世外桃源之意。湖中有岛，湖岸有很多沙洲和崖壁，形成"三岛""四洲""五湖""九曲"等自然风景，可乘船周游。

金梭岛是洱海三岛中最大的一岛，有南诏避暑宫遗址，文笔山下建有罗荃寺。玉几岛又名小普陀，高出湖面仅 4 米，岛上建有两层方形小楼观音阁，四季香火不断。赤文岛是洱海中唯一的半岛，形如长柄巨勺，林木葱茏，渔村掩映。

洱海最美的时刻是月夜。月色下的湖面显得朦胧而缥缈，风来波动，水波载着月光，犹如万点繁星。水涵月影，迷茫而空灵，月夜的洱海别有一种梦幻般的秀雅风姿。"洱海夜月"遂成著名的一景。

洱海公园　位于下关城东北郊团山，占地面积576平方千米，建有供观赏洱海风光的望海楼，在楼上极目远眺，苍山巍峨而粗犷，洱海则绮丽而柔美。苍山银峰，一一倒插湖中，银苍玉洱交相辉映，各呈其异。园内遍种花木，四季奇花不断，尤其是山茶花品种繁多。

大理三塔　位于古崇圣寺旧址，也叫做崇圣寺三塔。三塔是规模宏伟的崇圣寺的一部分。雪峦万仞的点苍山峙其后，碧波浩渺的洱海横于前，三塔像巨鼎的三足拔地而起。气势雄伟壮观。三塔的主塔名千寻塔，高69.13米，为方形16层密檐式，是我国古塔中偶数层数最多者。千寻塔建于唐代南诏，塔心中空，塔形与西安小雁塔相似，是唐代中原汉族与大理白族人民文化交流的结晶。千寻塔西，等距约70米处，是南北两座小塔，各高42.19米，为八角形10层砖塔，塔身有佛像、莲花等浮雕。三塔布局统一，造型和谐，浑然一体。

石宝山　在剑川县城西南25千米处，有石钟寺、宝相寺、宝顶寺和海云居等古寺院，其中宝相寺因建造于悬崖绝壁上而著名，其支峰石钟山有宏伟的石窟群。每年农历正月和八月，有两次传统的对歌会。

石钟山石窟群分为石钟寺、狮子关和沙登菁三区，共17窟，133尊造像。石窟建于南诏和大理时期，历时300余年。其中石钟寺区第一、二窟雕有南诏王像，场面恢宏，富丽堂皇；第三至第七窟主要是佛像和婆罗门教神像，造型生动，各显妙相。

鸡足山　在宾川县城西北约40千米处，佛教名山之一。主峰天柱峰，又称金顶，海拔3200多米，登临其上可东观日出，西望祥云，南眺苍山洱海，北望玉龙雪山，峰顶有高42米的13层方形空心砖塔楞严塔。山上金顶寺，是全山最著名的胜地，寺内有西藏送来的铜佛，还有乌铜铸成的2米多高的大香炉等宗教文物。寺下的华首门，是天然石门。对面有铜铸太子阁，略小于金顶寺。还有巍峨宏伟的祝圣寺，寺内有鸡足山历史图书文物及形态各异的五百罗汉。此外供奉8米多长卧佛的睡佛寺也很著名。

西双版纳

西双版纳风景名胜区是国家重点风景名胜区，位于云南最南端，以景洪市为中心，包括西双版纳傣族自治州景洪、勐海、勐腊三市（县）地区。景区划分为景洪、勐海、勐腊三大风景片区，19 个景区，800 多个景点，总面积 1202 平方千米。

西双版纳是傣、汉、哈尼等多民族聚居地区，自然风光十分诱人，尤以美丽的热带风光和原始森林著称，在热带雨林中有大象、犀牛、长臂猿、孔雀等珍奇动物，名胜古迹有景洪曼飞龙塔、勐海景真八角亭、勐腊葫芦岛热带植物园等。土特产有勐海普洱茶，名食风味佳肴有各种民族风味，还有西双版纳香蕉、芒果，勐海天然樟脑，版纳地毯，傣族、哈尼族织锦刺绣品，孔雀翎等也很有名。

景洪 又名允景洪，傣族地名，意为黎明之城。景洪是西双版纳州首府，也是西双版纳风景名胜区的中心。景洪是傣族聚居区，民族风情浓郁，热带风光非常迷人，旅游景点多。

孔雀湖公园位于景洪城中心，孔雀湖碧水清波，可荡舟游玩。园内饲养着孔雀、巨蟒等野生动物。

春欢公园也位于景洪城区，面积 350 亩，是一个天然森林公园，建有曼飞龙白塔和景真八角亭的复制品。园旁是曼听寨和曼听佛寺，形成公园、村寨和佛寺三位一体的旅游点。

民族风情园位于景洪南郊，包括南园和北园，面积 1000 亩。南园有热带水果、植物标本、人工沙滩等三个游览区，是西双版纳自然景观的缩影。北园有由傣族、哈尼族、瑶族、基诺族等民族小楼组成的民族风情展览，还有定期的民族娱乐活动。

澜沧江在景洪穿城而过。傣族有"一日三浴"的习惯，澜沧江是他们的沐浴之处。在城中心，建有澜沧江大桥。在大桥附近，可看到一幅幅独特的傣乡风情画。

曼飞龙白塔　位于景洪市西南70千米的大勐龙的曼飞龙山顶，始建于1204年，由大小9座塔组成。砖石结构，主塔高16米居中，小塔分立八角，秀丽挺拔，新颖别致。

热带植物园　位于勐腊县西96千米的葫芦岛上。始建于1958年，占地2000多亩。有珍贵植物千余种。

野象谷　在三岔河森林公园内，这里是热带森林，栖息着许多野生大象，如同大象王国。在谷内，到处可看到大象的足迹，听到大象的声音，有机会接触到野生的大象。而最为刺激的，则是晚上到林间"探险"，到树上旅馆过夜。这里是野象经常出现的地方，人工建有一水塘，水里放上野象等动物爱吃的盐巴，只要耐心守候，就可观察到野象等动物来此饮水、滚泥和玩耍。

景真八角亭　在勐海县城西14千米处的景真山上。亭子始建于1701年，高20余米，亭子平面为别致的八角状。建筑造型独特，工艺精湛。

橄榄坝　在从景洪沿澜沧江而下约40千米处，这里江水清澈，林木葱绿，孔雀飞舞，群莺鸣唱，一派热带风光。傣族佛寺和竹楼相映衬，为一处秀色别具的天然公园。

每年清明节后公历4月13—16日为傣族新年，通称泼水节，附近村寨群众多会集于此，互相泼水，浴佛，划龙舟，跳象脚鼓舞，共祝人寿年丰。

九 乡

　　九乡风景名胜区是国家重点风景名胜区，位于云南省宜良县，以地下岩溶景观和高原湖泊为主体，融山水风光、民族风情为一体，以险秀奇幽为特色，由叠虹桥、三脚洞、大沙坝、阿路龙、明月湖、万家花园、阳宗海7个景区组成，总面积175平方千米。

　　九乡溶洞群位于宜良县九乡彝族回族乡，处于昆明至石林黄金旅游线的中段，距昆明约90千米，离石林30千米。九乡洞群拥有上百座洞穴，拥有总长度为13千米的4条地下河系统，10余处洞内洞外叠置的天生桥，集中分布于叠虹桥、三脚洞、大沙坝和上大洞等景区内，为国内规模最大、数量最多、溶洞景观最为奇特的洞穴群之一。洞内的钙化沉积物色彩斑斓，除一般常见的黄、白两色之外，还有红、绿、紫、蓝、青，七色俱全，美不胜收。溶洞内大多有暗河，总计长达数十千米。最大的暗河有4条，即三脚洞暗河、天生桥暗河、盲鱼洞暗河和叠虹桥暗河。暗河内有奇鱼。暗河河床落差起伏悬殊，形成大小瀑布和深潭，令人叹为观止。九乡溶洞群落的另一特点是洞内天生桥随处可见，有的地方还桥上生桥，形成双层立体交叉桥。其中三脚洞口一座巨型的天然立交桥，横跨于麦田河与比柯河上，蔚为壮观。九乡洞群类型和风格之多，堪称溶洞博物馆，具有游览观赏、科学考察、洞穴探险、洞穴考古等多种综合性功能和价值。

　　主景区叠虹桥景区，洞穴垂直分布，可分为5层，由卧龙洞、白象洞、神女宫和荫翠峡地面风光四部分组成。卧龙洞实为一地下河系统，全长2000米。白象洞高出卧龙洞约80米，因洞口形如巨象，石体纯白而得名。从宏观的地表看，它是一座横跨地面河的巨型天生桥，桥面宽约300米。从桥下向洞内看，地下河又深潜白象洞下，形成桥叠桥、桥下桥的双层天生桥的独特景观。双层天生桥凌然在空，悠悠的地下河水喷涌其下，形成虹影桥姿叠映水面的景象，

故命名为"叠虹桥"。现已建
成开发的有十大景域，即：
荫翠峡、地下大峡谷、古河穿
洞、雄狮大厅、神女宫、雌雄
双瀑、神田、彝家寨、地下倒
石林和旅游索道。

荫翠峡全长1000米，可游
览的峡谷长700余米，整条溪
流浓荫凝翠，故名荫翠峡。峡
内一线碧水，蜿蜒曲折，掩映

于东西两壁悬崖间，水面宽5米左右，水深10余米，水清波平，可泛舟游览。
两岸为高达40余米壁立陡峭的绝壁，怪石峥嵘，两壁相距最窄处不足10米，
崖顶绿树披荫，遮天蔽日。峡壁上钟乳石高悬，有的如莲花盛开，有的似山鹰
展翅，千姿百态。两壁崖石凹凸嵯峨，造型怪异，碧苔覆盖，古藤缠绕，更显
苍老久远。崖壁巨石贴水处奇景迭出，有的如蛟龙出水，有的如笨熊饮涧，有
的如虎豹临溪。峡中行舟的尽头为一溪中小渚，江石杂陈，两岸野花飘香，藤
木扶疏。

地下大峡谷 上接荫翠峡，下连卧龙洞，本为地下河，因地面塌陷开裂而
成。从入口处沿悬空钢梯盘旋而下，下峡谷如入地宫。下到深达百米的谷底，
谷底是奔腾咆哮的地下河，只见两壁如削，宽仅四、五米，仰视地面天空只余一
线，尚有岩石和树枝相连。游路全为悬空栈道，令人惊心动魄，故又名惊魂峡。

雄狮大厅 是白象洞的主体，整个大厅长宽均在200米以上，面积达
15 000平方米，气势磅礴，宏伟壮观。大厅左侧有一巨石犹如一头雄狮昂首远
视，换一个角度则又如同一位老人的头像。

神女宫 是一个支洞，洞体不大，景色却十分迷人，通道扑朔迷离。有
"玉树琼花""鹊桥会""仙娥迎宾""神女出浴""妖泉""瑶泉""仰仙岩"
"龙凤双烛"等景点。

雌雄双瀑 在卧龙洞内，地下河奔流至此，突遇河床下陷，汹涌的河水从
30米高处分为两股倾泻直下，称"雌雄双瀑"。雄瀑瀑面宽阔，水流量大，如
黄河倒泻，气势恢宏；雌瀑瀑面细长，飘逸而下，如美女折腰，婀娜多姿。瀑

163

第四章 南方地区

从北到南去畅游

布右侧和上面均有栈道，正对面河中建有观瀑亭，可从不同方位和不同高度观赏这一罕见的洞中巨瀑。

神田　在卧龙洞洞内，实为巨大而集中的边石坝，宛如云南山区的层层梯田，形态逼真，奇伟壮丽，世所罕见。

三脚洞　在九乡街北面约5千米的麦田河上游。三脚洞实为一座被流水溶蚀中空的山丘——金鼎山，由三根粗壮的鼎足支托着，拔地矗立，气势非凡，鼎腹之下成为空旷的大厅，大厅的跨度达100多米，高为30米。景观有"青龙盘鼎""丝泉胜游""冲霄遗黉""断槐掩穴""银塔锁浪""牧鹭岭""喷霓岩"。

大沙坝　在九乡街东北面约6千米处。大沙坝溶洞最为壮丽的是"石化的地下热带雨林"。洞中石笋秀立拔地，耸壑昂霄，百镂千刻，成簇成丛，银砌金镶，可称为"雨林馆"。

阿路龙　在九乡街西6千米处，包括阿路龙和大比者两个彝村，是古崖刻画产地，共有80多个，创作年代约在秦汉时期。这里彝族风情浓郁多姿，彝家村寨田园风光别具一格。

明月湖　在九乡以南，现为南盘江峡谷，国家计划在此建筑水坝，形成面积达百余平方千米的云南最大的水库，千岛百洞，高原平湖。

万家花园　在宜良城南1000米处，共有花园10余处，现已连片开发，是云南省最大的人工花园，有数百年的古梅、百年山茶、桂花及各种名贵花木。

阳宗海　在昆明至石林的公路中段，距昆明36千米。阳宗海是著名的高原淡水湖泊，面积32平方千米，水清如镜，空气清新，常年水温20℃，有丰富的温泉资源。

大足石刻

神奇的大足石刻位于重庆市大足区境内，有石刻造像70多处，总计10万多躯，其中以宝顶山和北山摩崖石刻最为著名。石刻融佛道儒精华于一体，造像精美。同时伴随造像出现的各种经文、傍题、颂词、记事等石刻铭文有15万余字，而且多为金石史中的佳品，是一座难得的文化艺术宝库，被国内外誉为神奇的东方艺术明珠。

大足石刻是怎么来的呢？据载，唐代昭宗景福元年（公元892年），昌州（今大足县）节度使韦君靖在北山修建储粮屯兵的永昌寨，同时开始凿造佛像。经五代、两宋，相继在佛湾、营盘坡、观音坡、北塔寺、佛耳岩等处造像近万躯。北山石刻以佛湾造像最为集中，共编290号龛窟。在长300多米、高7米的崖壁上，有碑碣6通，题记和造像铭记55则，经幢8座，阴刻"文殊师利问疾图"一幅，石刻造像264龛窟。

南宋赵智凤是大足宝顶山石刻创始者。他5岁时，落发为僧。16岁外出云游3年。淳熙六年（1179年）返乡，传柳本尊法旨。承持其教，建圣寿寺。他按道场要求，精心设计，巧妙安排，在宝顶大佛湾琢诸佛像上万躯，建成了中国石窟艺术史上最后一座大型石窟群。

三峡天坑

　　与长江三峡毗邻的重庆奉节县有一个神秘莫测、堪称世界之最的特大型天坑，因它位于该县境内小寨村，故被人们称之为"小寨天坑"。所谓天坑，从地质学角度解释，即漏斗形下陷地貌；又一说是由数亿年前陨星撞击而成。天坑边缘由峭壁悬崖围成，呈"桃"形，短径 520 米，长径 622 米。坑内四面山峰向下延伸，铁壁般合围成漏斗状，直至坑底。站在天坑边缘向下俯视，目光一落千丈，令人魂飞魄散；站在坑底向上方仰望，仿佛就在 18 层冥冥洞府之中，肃杀阴森，令人毛骨悚然。坑底一条阴河从西南方流向东北方，露出一段长约 110 米，宽约 4 米的黑绿色河水，但河水清澈见底。

　　1997 年 4 月，一支由英国考古学家、天文学家、地质学家联手组成的科学考察队抵达奉节县小寨天坑。他们决定在已往基础上力争得到新的资料、数据，通过对天坑成因等进行的详细勘察，以期揭开其神秘的面纱。

　　4 月 17 日上午，考察队沿西侧一条羊肠险径下到天坑底部，由密密麻麻的海螺、贝壳化石凝结成的岩层呈现在他们面前。采用超导远红外探测摄像器向天坑峭壁做逐一圆周扫描时，考察队发现，峭壁内约 6 米深处竟隐藏着 7 只直径为 4 米的大圆球！它们呈曲线排列，球面上还刻着一些无法破译的文字和符号。经"裂变径迹法"测定，圆球距今有 7000 万～8000 万年，主要成分是金属钛，圆球的岩石密度每立方厘米为 3.2～3.4 克，和月球表面岩石的密度差不多，这使大家惊讶不已。

　　在天坑底部，威廉·霍德博士意外地发现了一个恐龙头骨化石。就此，威廉·霍德在他的日记里曾这样写道："4 月 20 日，考察队继续对中国奉节县神奇天坑进行考察。我惊喜地发掘出一个恐龙头骨化石，这是多棘龙的头骨化石。多棘龙和其他恐龙一样，生活在侏罗纪时代，属食肉类恐龙。令人困惑的是，这个头骨曾被锯成相等的两半，之后又被缝合，其切割痕迹十分整齐，手术水平与我们现代医学的水平不相上下，很难想象这是地球原始人所为，那么，是谁对它实施了外科解剖手术呢？"

在之后的几天里，考察队于天坑底部一侧测出有道狭长岩缝向北延伸，延伸至何处却无人知晓，这也是以前未曾发现过的。他们费力劈开乱树丛小心翼翼地步入其间。黑暗中许多蝙蝠被惊动，在周围乱飞，发出吱吱怪叫。行至 300 米处，可以看见 7 只三角形箱子，和

圆球一样，也排列成曲线，箱子间或发光。考察队员们试图接近它，但感到四肢麻木，好像有电流穿过。由于岩缝里阴暗潮湿，空气稀薄，众人不敢久留，便退了出来。他们分析这 7 只三角形箱子，当属通讯器材之类的东西，只可惜得不到实物，只拍下了箱子的图片。图片在英国天体信息研究院作了鉴定：这7 只箱子有向宇宙发射信号的功能，圆球是接收器，接收地上发来的信号并输送给工作室……

据此，有人便推测天坑很可能曾是外星人的一个工作基地，之后不知何故被废弃了。持该种观点的人对地陷说不屑一顾，对陨石撞击说则予以驳斥："倘若小寨天坑是陨石撞击而成，为什么在它周围没有发现丝毫陨石的痕迹、更没有散落着的角砾岩块，况且天坑岩石不具超基性！"但小寨天坑若非外星人所为，那么那些大圆球、三角形箱子、被切割的恐龙头骨又作何解释？一些严谨的科学家目前仍然认为，小寨天坑并不是外星人工作基地。看来，小寨天坑是地陷奇观，还是陨星撞击而成，或者是外星人废弃的工作基地，还需要人们的进一步探索。

金佛山

金佛山风景名胜区是国家重点风景名胜区，位于重庆东南的南川区，离南川区市区约701千米，距重庆市区约177千米。山体海拔800~2200米，面积约260平方千米。

金佛山古称九递山，即九层、九折、九峰之意，属大娄山余脉，早年有人将之与峨眉山、青城山、缙云山并称为"巴蜀四大名山"，古称"南方第一屏障"，以原始奇特的自然山峦、林壑为特色。其自然风光具有独特的魅力，集幽、秀、险、雄于一体。植物群落随地势高低呈垂直带分布。奇特的方竹和实心竹漫山遍野。区内岗岭崖壁、沟涧洞石兼有，瀑、溪、泉众多。"三泉映辉"以在同一断面有3眼不同温度的热泉水而著名。还有一日三涨的潮水泉和常年恒量的一碗水泉等。因特定自然条件形成的气象景观有金佛晚霞、白云朝晖等。200多处名刹寺院遗址和名胜古迹，更是先人们留给金佛山的珍贵遗产。

古佛洞是金佛山最著名的山洞景观之一，它处于海拔约2000米的高山区，深藏竹海之中，高踞悬崖之上，前通主峰清凉顶、狮子口，下至凤凰寺、牵牛坪。全洞长4千米，洞中石笋、石幔、石钟乳等，与一般溶洞略同，唯独出洞口高悬于离地千丈的崖壁间，险峻奇特，与众不同。这是一个上坡口，横宽50米，当到达距洞口百米处，先是一线天光微露，继而如一轮弯月，把清辉投向暗处的来人，有"重见光明"的快感。人们戏称它："出天不出地"，即是说，脚下虽是村舍田园可见，鸡犬之声相闻，却无路可通，是一个奇特的神仙洞府。

水帘洞位于半山腰，深藏山间，走到近处才能发现，洞口宛如隧道，周围布满丛林。洞口有一瀑布，故而得名。此瀑布从外看在洞侧，入洞后则成了挂在洞口中间的一挂珠帘，奇妙无比。

金佛山的山势险要多姿，泉水则绝妙引人，著名的"三泉映辉"尤其独特。三泉在金佛山的北麓，距县城14千米，在龙岩江的同一断面上并列分布着三眼温度迥然不同的泉水，右岸为冷泉，水温15℃；左岸为温泉，水温为30%；河中为汤泉，水温为40℃。3眼泉水自河底涌出，池面繁星点点。

金佛山还有数不清的瀑布，最大的当推马嘴岩瀑布，高数百米，四时如一。远看，悬河流水，白光闪耀，似彩虹倒挂；近看，瀑流咆哮，飞花碎玉，如万马奔腾。

金佛山的灵山秀水堪与峨眉媲美，山上的植物资源举世无双。金佛山属亚热带湿润季风气候，雨量充足，适于3000种植物生长。金佛山最具特色的还是各种珍稀动植物。被称为银杏皇后的一株银杏树，高达26米，树干需6人才能双手合围。此外还出产大蝴蝶，单边翅膀长达半米以上。最著名的有金佛山四绝：银杉、方竹、杜鹃和大叶茶。

银杉是100多万年前冰川之后的一个幸存树种，被喻为植物界的"大熊猫"，既有较高的观赏价值，又是古生物、古地质的重要研究对象。

世界上的竹子有1200多种，其中最令人称奇的要数方竹和实心竹。而金佛山拥有6万平方千米的5亿株方竹。

金佛山是杜鹃的王国，有50多种乔木大叶杜鹃生长在这里，全山有大小杜鹃30多万株，每年春末夏初，满山遍野都是各色杜鹃，有白、黄、红、绿、紫、黑等各种颜色。最大的号称"杜鹃王"，树径1.2米，高12米。

四面山

　　四面山风景名胜区是国家重点风景名胜区，位于重庆市西南的江津区南部与"天府之国"成都相距422千米，成渝、川黔两条铁路大动脉和成渝高速公路在境内交会。

　　四面山，翠绿绵延，碧水清波，飞瀑流泉，翠岩奇峰，集山、湖、瀑、石于一身，融幽、险、奇、雄为一体，幽静、秀丽蕴于内，原始、自然扬于外，包含了"有容乃大唯山水"的内涵和特色，让人感受到古老的奇迷和原始的韵致。

　　四面山属云贵高原大娄山余脉，海拔高度为425—1709.4米，相对高差1284.4米，是闻名中外的避暑胜地。

　　四面山是全球最珍贵的"天然物种基因库"，至今完好地保存着第三纪以来的植被，生长着距今3.5亿年前的热带和亚热带植被。景区内林海苍茫，郁郁葱葱，22.4万平方千米的森林生长着1500多种植物和207种野生动物，森林覆盖率达95.41%，是地球同纬度少有的一片亚热带原始常绿阔叶林带，中华双扇蕨属史前植物，与恐龙同代。桫椤（又名树蕨）是地球上幸存的木本树蕨之一，它还是最古老的"活化石"，被列为国家一级保护植物。在四面山的奇峰之巅，幽谷深处，珍稀动植物数不胜数，银杏、香果树、红豆杉、福建柏等稀有植物受到国家重点保护。云豹、林麝、毛冠鹿、猕猴、大小灵猫、弹琴蛙、红腹锦鸡等23种珍稀动物在国家严格保护下，自由地生活在四面山广阔的森林里，寻觅到了繁衍子孙的理想居所。

茶坝河长 49 千米，飞龙河长 46 千米，两大水系从海拔千米的源头飞流而下，它们在山涧迂回奔腾，由南向北，或倾泻飞舞，或积水成潭，40 多条大小溪流如同一根根血管，滋养着四面山的生命，把它点缀得绚丽多彩。在四面山翡翠的世界中，龙潭湖、林都湖、洪海湖等 7 泓晶莹剔透的湖泊像眼镜，似新月，又宛若纡折的玉带。龙潭湖纳九川清流，汇七壶玉液，黛峰倒映，碧水悠悠，蜿蜒五里，如屏如画。这儿的静湖与草甸、奇峰、白鹤，构成一幅典雅、静谧、流动的画卷，如同世外桃源。清澈幽雅的洪海湖分大、小洪海。大洪海修竹万竿，群鹤栖立，画眉、鹧鸪、白琵鹭、绿头鸭等飞禽横空而过。小洪海则湖平波静，纤尘不染，野趣天成。大自然在红色岩石上雕刻下"芝麻开门""顽童戏水"等中外童话故事的图案，让人神思遐想。林都湖半拥青山，状似天穹上高挂的上弦月。响水滩前流泉叮咚，飞珠溅玉，在山涧、静湖、夜空里奏起一支不眠的欢畅曲。

四面山飞瀑奇观甲天下。四面山最有特色的当属那 100 多挂银练飞舞的壮丽景象，它们形成雄奇、壮观、娇美的梦幻般画面，有的如宽厚的长者，浑然博大；有的像暴躁的武夫，气冲斗牛；有的似艳女含羞，楚楚温柔；有的若高雅贵妇，冰心脱俗。有"神州高瀑"美誉的望乡台瀑布，高达 152 米，宽 40 米，比闻名于世的贵州黄果树瀑布高出 1 倍多，是迄今全国最高的瀑布之一。望乡台之水凌空而下，浪溅百米，声入云霄，气浪推人，神为之摇。我国著名诗人、书法家柳倩先生曾赋诗赞美："不尽惊涛滚滚来，何能重上望乡台；相思日夜如流水，国土乡情解不开。"以水口寺瀑布为起点，在短短 10 千米内，竟有 300 多米的落差，溪水跌宕流淌，形成了三倒拐、三道河、小洪洞、小寨门、血千岩等多层瀑布。瞧着那一瀑叠一瀑，瀑上有瀑的景象，让人惊叹大自然的奇妙和伟大。在水口寺西部，有两挂南、西相对而语的鸳鸯瀑布，此景以双瀑齐飞得名，南瀑高 110 米，雄奇、伟岸，透出阳刚之气，飞得苍劲有力，人称雄瀑。西瀑高 90 米，秀媚、温柔，露出娇艳之色，飞得轻盈娟秀，人称雌瀑。亿万年来，它们穿行于古树苍崖间，比翼齐飞，共欢齐流，互相倾诉着缠绵的柔情、享受着耳鬓厮磨的甜蜜。据查，四面山有上百挂飞瀑，100 米以上高度的有 5 挂，80 米以上高度的有 8 挂，30 米以上高度的有 23 挂。因此，四面山有"瀑布之乡"的美誉。

峭壁奇岩画千卷。山之骨在于石，石之美在于奇。四面山中满山怪石奇岩皆呈红色，是典型的丹霞地貌。从绛红、紫红到浅红，各种红色岩石在蓝天、碧水、绿树的衬托下，呈现出碧水映丹的独特美，游人身临其境，便幻化出千卷图画，犹如神话一般的梦境。这些具有人物化、艺术化、个性化的精灵峰岩，仿佛感知亿万年岩溶的层层积淀，形成了一个个形态逼真的天然雕塑群：水口寺的"天下第一美女图"出神入化，龙潭湖的"猴王观海"惟妙惟肖、土地岩的"济公石"滑稽幽默，卧龙沟的"云龙壁"蟠身昂首，梦笔峰孤耸无情，恋人岩相拥而立，大佛岩神态庄重。

岁月沧桑怀远古。在四面山幽幽的密林深处，隐藏着先人们和原始巴人创造出的灿烂文化，"天下第一奇联"、灰千岩摩崖壁画为人类留下了极其珍贵的文化瑰宝。

千年古观朝源观，始建于北宋建隆年间（960年），是一座融儒、释、道三教合一的以道家为主的大型道观。它坐落在海拔1382米的山顶古林深处，依7个小山峦呈"七星点斗"布局，设计奇特，堪称一绝。观内诡异字体艰深难识，颇费理解。"天下第一奇联"令天下多少文人墨客和宗教界人士抱憾而归。两副楹联分别凿刻在进观的左右山门上，寥寥40字，却包含着三教广博的内容，道家诵来蕴玄机，佛家念来含祥意，儒家咏来藏文理，其中玄奥丰富的内涵远非三言两语能解释清楚。

在四面山的飞龙庙景区，一幅神秘莫测的摩崖壁画——灰千岩闻名天下。灰千岩摩崖壁画在一列长163米，高9米的巨型红岩上，凿刻着10多种形态各异、栩栩如生的飞禽走兽，组成了一幅原始巴人劳动生活的壮丽画卷。据文物专家考证，此画形成于4000～5000年前的钻木取火年代，把巴蜀文化和重庆原始巴人的历史提前了1000多年。

高山奇景四季美。四面山每个季节都有不同的特点：春夏，凉风习习，神舒肤爽，不潮不燥的气候甚是宜人。秋天，层林尽染，云雾变幻曼妙。冬天，黛山绿水银装素裹，广袤的森林像新娘顶戴婚纱，拥抱着欲醒似睡的大山。

青龙峡

　　青龙峡风景名胜区位于重庆市城口县任河上游，景区面积 45 平方千米，境内森林茂密，岩溶地貌秀丽，峡谷幽邃神秘，溪涧碧水蜿蜒，怪石林立。著名景点有：白袍将军、老虎看猪、鸡公石、石锅、石筷子，还有猴子洞、天生桥、悬崖鱼泉、两扇门等景观。景区特色是集山水、石林、峡谷于一体的。

　　天生桥　两山之间天生一石桥，人称天生桥，境内有 5 座天生桥，其中以望乡坝一座天生桥为最大，高 200 余米，桥面最宽处约 8 米，最窄处 3 米多，跨度长约 100 米，气势雄伟，颇为壮观。

　　悬崖鱼泉　境内有鱼泉 6 处，即使寒冬也能看到鱼出洞，但最为奇特的莫过于悬崖鱼泉，每逢春夏涨水季节，常有鱼从悬崖跳下来，千姿百态，真是一大奇观，因而又称"飞鱼泉"。

　　石林景观　境内有一小河称亢河，两岸风光秀丽，苍松挺拔，林木密布，奇峰怪石林立，有形如白袍将军、老虎看猪、鸡公石、石锅、石筷子等石林景观，形象逼真，耐人寻味。

　　两扇门　景区处于河鱼乡境内，是古代通向陕西省的必经之道，两扇门雄踞古镇，鱼度河街的下端，是任河西源上游鱼度河的主要峡口，整个峡谷连绵 20 余千米，沿途有 9 个峡口，俗称 9 道门，尤以两扇门最为壮观。门高 50 余米，宽约 15 米，真像一道巨门立于峡口之首。

　　沿河而上，首先到隔人潭，是峡谷的第一道门户，左边一道石岩横卧山梁

上，犹如一条巨蟒，张着血盆大口，称蛇口石。雨季山洪暴发，山洪从蛇口飞流直下，好似巨龙喷泉，隔岸观看，实为壮观。蛇口石对面有一独顶山峰，高耸入云，人称"仙人指路"。

过古栈道，独木桥，便是梯子岩，在云雾萦绕的群山中，可以清楚地看到骑士峰，活像勇士骑着骏马在云雾中奔驰的雄姿。三星拜寿与骑士峰遥遥相望，不远处有一鸭正伸长颈埋头啄食潭中鱼。

继续顺其而上便是羊子岩，羊子岩开阔处是两溪源头的汇合处，名双溪口。从双溪口遥望，在那猴坐狮啸岩上，雄狮咆哮，神猴迎宾，一前一后，栩栩如生。羊子岩下是万丈深渊，在"一线天"峡口，从谷底向上望，子夜不见月，午时不见日，真是名不虚传的"一线天"。

再往上行，穿数门，过数桥，两扇门便矗立在眼前，雄踞溪口的两座石岩像两扇石门，两门相隔百来米，中间矗立两座像蜡烛一样的巨石，门和蜡石都长着青翠的岩松，气势雄伟，为扼守川陕要道之咽喉，可谓一夫当关，万夫莫开。

境内有双人环抱的高20余丈的双心千年古树，有以"鸡公"命名的山梁、深潭、石窟。其间有一大溶洞，里面有双洞，一名神仙洞可通巫溪县，一名黄龙洞可达陕西。洞内孔穴交错，阴河密布，石钟乳姿态各异。雨季山洪暴发，鸡公石经水冲击，发出清脆的响声，如鸡啼鸣，四声震荡，犹如鼓锣齐鸣。

山梁上，清代年间曾修一座八角庙，可鸟瞰两扇门全景，现只留下遗址。

景区内有清光绪年间重修的龙门桥，至今仍留有石碑。

黄果树

黄果树风景名胜区位于贵州省镇宁布依族苗族自治县，是以黄果树大瀑布为中心的国家重点风景名胜区。瀑布周围景色瑰丽，河流曲折，地形起伏，有许多激流险滩和瀑布群，还有石林、溶洞和布依族、苗族村寨以及红岩碑、关索庙、天龙庙等古迹。

黄果树瀑布群位于镇宁县黄果树镇，距贵阳市约 130 千米。它是由 20 多个风韵各异的大小瀑布组成。瀑布不仅风韵各具特色，造型十分优美，堪称世界上最典型、最壮观的喀斯特瀑布群，在其周围还发育着许多喀斯特溶洞，洞内发育各种喀斯特洞穴地貌，形成著名的贵州地下世界。最具特色的几个瀑布是：黄果树瀑布、陡坡塘瀑布、螺蛳滩瀑布、银链坠潭瀑布、关岭大瀑布、蜘蛛洞瀑布、绿湄潭瀑布、天生桥瀑布、关脚瀑布和典型的洞穴暗瀑龙门飞瀑。

黄果树瀑布在镇宁县白水河上，高为 66.8 米，宽达 81.2 米，瀑下为深达 17 米的犀牛潭，是我国最著名、最大的瀑布，在高、宽、流量三方面都达到相当的程度，并且使得三者十分谐调地组合在一起，瀑布整体造型和瀑水的流动姿态，均达到尽善尽美的程度，被誉为"世界上最壮观最优美的喀斯特瀑布"。

黄果树瀑布上游白水河平均流量为每秒 16 立方米，因此瀑布水量充沛，气势雄壮。漫天倾泻的瀑布，发出轰轰的如雷巨响，震得地颤谷摇，展示出大自然一种无敌的力量与气势。巨量的水体倾覆直下，又形成了大量的水烟云雾，显示了黄果树瀑布神秘的景色。黄果树瀑布平水时，一般分成四支，自左至右，第一支水势最小，下部散开，颇有秀美之感；第二支水量最大，更具豪壮之势；第三支水流略小，上大下小，显出雄奇之美；最右一支水量居中，上窄下宽，洋洋洒洒，最具潇洒风采。

黄果树瀑布四季美景不同。秋夏之际，洪水较多，水量最丰，瀑布水层变厚，水中因含大量泥沙而显得黄浊，此时瀑布翻崖直下，捣金碎玉，气势最为

雄壮。瀑布跌入潭后，涌起水柱数丈，忽高忽低，激起水花万朵，四处抛洒，卷起漩涡无数，上下翻奔，观之不禁令人心悸魄荡，产生一种壮怀激烈的豪情。春冬季节，瀑布消瘦，水流清澈。遥望瀑布，"若冰绡之被玉肌，烟縠之笼皎魄"，别有一番轻流曼舞的婀娜风姿。

黄果树瀑布一日之内美景也不相同。每当丽日当空，阳光灿烂，黄果树瀑布宛若一条溢彩溅金的银龙，喷吐着浓浓的迷雾，在阳光的照射下，虹霓隐现，景色神奇美妙。升腾的水雾继续上升，笼罩着瀑布西侧的黄果树寨子，给寨子带来了独特的景色；每当日出东山，或日暮黄昏，阳光将袅袅娜娜的水雾染上一层神奇的金色，因此黄果树寨子有了"水云山庄"的美名，寨子上那条唯一的小街亦有了"银雨洒金街"的美名。而当夜色降临，皓月千里，星辰稀疏。伫立观瀑亭前，举头望月，吟诵着"年年今夜，月华如练"的诗句，再观赏面前夜色之中的黄果树瀑布，宛若银河从九天而落，从潭中升腾起来的层层水雾直扑面门，仿佛是一幅神秘优美的世外图画。此时，远眺贵州高原上，峰峦叠影，不知其数；近观身边，花草树木，不知其名。清风徐徐拂来，送来缕缕醉人清香，俯身侧耳细聆听，隆隆水声之中还夹杂着蛙声和蟋蟀声，组成一曲旋律奇特的交响乐。此时此刻，不禁飘飘然若置身世外仙境之中。

水帘洞，高出瀑下的犀牛潭 40 余米，其左侧洞腔较宽大清晰，并有三道窗孔可观黄果树瀑布；右侧因石灰华坍塌，洞体残存一半，形成一个近 20 米高的岩腔。水帘洞不仅本身位置险要，且洞内之景色颇有特色。水帘洞由 6 个洞窗、5 个洞厅、3 股洞泉和 6 个通道线组成，全长 134 米。6 个洞窗均被稀疏不同、厚薄不一的水帘所遮挡。从幽黑昏暗的水帘洞内，透过水帘向外看去，瀑布巨

大的水流轰然从面前跌下，落入瀑下深达17.7米的犀牛潭中，激起的水珠扩散抛洒，阳光下虹霓若隐若现，此时从洞中眺望峡谷对岸的街上小摊、行人、车辆，缥缥缈缈，一片迷雾，似实如虚，真如幻景一般。洞内景观主要有：倒挂仙人掌，其实是洞顶悬挂的形似仙人掌的钟乳石；在出口与入口处的古榕悬根奇景以及抬头见花（在第一洞赏花台）、听涛试风（第二洞听涛洞和试风口）、晶宫亮泉、观瀑触瀑（第三洞摸瀑台）、霓虹双舞（第四、第五洞窗含虹口以及出、入口处）等。尤其是第二窗孔，瀑布悬帘，轻纱曼舞，夕阳中映出道道神秘的光环，宛若峨眉山金顶之佛光，令人赞叹不已。第三窗孔外侧长着一些小树、藤本、蕨类植物，蔓绕窗壁，把窗孔装饰成绿色花边的彩门，由此窗观瀑，别有一番情趣。

瀑布正对岸，在观赏瀑布的最佳位置处，建有观瀑亭。亭中有一副对联："白水如棉不用弓弹花自散，红霞似锦何须梭织天生成"，简洁而又形象地写出了黄果树瀑布的雄奇景色。

黄果树瀑布主瀑之上有一高约4.5米的小瀑布，其下还有一个深达11.1米的深潭，即是瀑上瀑。瀑上瀑造型极其优美，与其下的黄果树主瀑形成十分协调的瀑布组合景观。

陡坡塘瀑布　位于黄果树瀑布上游1000米处。瀑布高虽只有21米，可瀑面宽达105米，平均水流量约为每秒16立方米，瀑布在平面略呈半月拱形，其上有一个面积达1.5万平方米的巨大溶潭。平水时，陡坡塘瀑布显得十分清秀妩媚。有人戏称为"新娘面纱"。当洪水季节来临时，黄浊的河水翻坝跌落，摧玉捣冰，像一匹脱缰的野马，且瀑布左侧的钙华堆积布成的洞穴，在巨量洪水经过时会产生奇特的汽笛效应，发出低沉浑厚的吼叫声，故陡坡塘瀑布又称为"吼瀑"。

瀑布形成发育很宽阔平坦的滩面，滩面上遍布数十个大小不同的小碧潭。能卷裤赤脚尽情地在瀑上瀑下玩耍的乐趣，是游陡坡塘瀑布的一种享受。

天星桥　在黄果树下游6千米处，天星桥宽达1000米，横跨在暗河上。附近为一面积不到1平方千米的石林。石林一部分在陆上，一部分却在水中，这些水上石林最为迷人。

石林中小径蜿蜒伸展，路旁草木深秀，溪水流淌。有时候溪水聚积成潭，将石林下部淹没了，于是形成了一个天然的山水盆景；有时溪水化为无数股细

小的水流，在石林之间的裂隙中到处流淌。游人听着潺潺的水流声，有时看得见缝隙中的水流，但因为溪水一会儿出露地面，一会儿又跌入溶洞之中，化成一股暗流，不知流向何方，流了一段路程，水流又会冒出来，但却无法寻溯或追踪这些水流的来源去处。溪旁、石林边，处处生长着一棵棵古老巨大的榕树，那榕树的根部有时毕露在外面，形成各种优美的造型；有时从石缝中挤出来，似在石壁上攀爬一没，转而又伸进别的缝隙中去了。榕树树冠较大，枝叶十分茂密，走在古榕蔽日的石径上，清凉幽深，水流哗哗地从脚下流过，知了在榕树上歌唱，形成了一个让人感到十分幽静惬意的环境。

银链坠潭瀑布 位于黄果树瀑布下游。银链坠潭瀑布的上游河滩上，散布着无数的乱石，乱石将溪流分割成无数股细流，经过一段百余米的流程，便有一堵叠嶂分溪水为两支。左支从南、西两面潜入石林基部，成一碧潭；右支则从北面汇入碧潭。由于坎壁上布满了石灰华，水层极薄，加上石灰华表面有鱼鳞状的细小起伏，故水流流在石灰华上，似轻纱曼舞，十分优雅，阳光照射下来，瀑面上道道银光，闪闪发亮，似无数条银色的珠链缓缓翻落而下，故得名银链坠潭瀑布。银链坠潭瀑布最奇之处，还在于石灰华组成的瀑滩，造型十分奇特，它宛若一把张开的扇子，呈锥状舒展着；又如一只只开屏的孔雀，争奇斗艳，各显神采。

龙门激水 溪水跌入银链坠潭瀑布之下的深潭中后，便消失在石林之下成为暗流。暗流经过一段短短的路程，又冒出地面，形成与雅静清秀的银链坠潭瀑布相对的另一景色——龙门激水。只见跌水切过龙门，如玉龙狂舞，飞花碎玉；由于石灰华坝的层层阻挡，激起无数水花，如珍珠凌空飘洒，阳光一照，现出彩虹横空、盘龙戏珠等瑰丽景色。龙门两岸，芭蕉翠绿，叶上悬挂着颗颗水珠。瀑下深潭，浪群兜着圈子，你推我拥地向下奔去，涌向弯弯曲曲的打帮河。龙门之上，现筑有吊桥一座，游人从桥上行走，俯视滔滔龙门之水，耳闻轰轰水流之声，不禁会感到有点头晕目眩了。

天星洞 位于银链坠潭瀑布稍上游，是黄果树瀑布群风景区中较为壮观的一个洞穴。

关岭大瀑布 是由7级瀑布组成的多级瀑布，在总长数千米的河段上，形成一个总落差为410米的大瀑布。沿着滴水滩瀑布上行，便可依次观赏到关岭大瀑布其余6个瀑布各自的景色。

红岩碑　在关岭县城南 10 千米处的晒甲山上，山顶上有红色峭壁，在高 6 米、宽 10 米的范围内，有 40 余个字。字为青色，大的一个字 1 米多，小的 0.2～0.3 米，仿佛天然形成，字形非篆非籀，人莫能识。最早在明代嘉靖年间（16 世纪中叶）就有关于此碑的记载，直至今日仍未有定论。

关索岭　在关岭县城东 22 千米处。山顶有关索庙和御书楼。关索庙供奉传说中的关羽第三子关索。传说中，关索忠勇爱民，有其父遗风，诸葛亮南征，关索为先锋，路经此岭，饥渴无水，关索以乘马刨地出水成泉。现此岭半山有马刨泉。御书楼有康熙皇帝御书"滇黔锁钥"匾额。两岸奇峰峻石，断壁矗立，林木苍郁。主要景观为喀斯特地貌，景点有仙人岩、少寨溶洞群、桂花台、鸬鹚架、江心岛等。沿岸村庄、田畴、水车串成一幅优美清新的田园风光画卷。天生桥位于高屯镇东南 2 千米处，桥身为一巨大的石崖，平地拱起，飞架河谷之上，状如一个巨大的"S"形。桥拱跨度 103 米，桥宽 118 米，拱高至河水面 33 米，拱顶岩层厚约 40 米，堪称世界之最。天生桥融奇、险、秀为一体，鬼斧神工，巍峨壮观。

仙人岩　位于景区西部，距高屯镇约 3 千米的八舟河岸，顶端有四石并立，岩脚有一洞，洞厅约 800 平方米。

石龙山　位于八舟河旁，距县城 15 千米，方圆几十千米均为原始森林。山上"森林密箐，诸峰罗列，烟郎山椒俨然像伏狮。"相传山中古时建有寺（庵），为八舟一带佛教圣地，历代香客络绎不绝，现只有遗址留存。

桂花台　位于八舟河东岸，有 40 米高，台上有自然生长的数百株桂花树。

惠州西湖

惠州西湖风景名胜区是国家重点风景名胜区，位于广东省惠州市区内，总面积 19.6 平方千米，属湖泊类型风景名胜区。

惠州西湖在惠州城西，包括丰湖、鳄湖、平湖、菱湖和南湖 5 湖，南北长约 6 千米，东西宽约 4 千米。湖内洲渚交错，沿着竹岸杨堤，可见掩映着的红棉水树、百花洲、点翠洲、泗洲塔、九曲桥等景物。湖边山影，倒映水中，烟云聚散，深具曲折变幻之妙。

百花洲在西湖明月湾附近。明代在洲上建落霞榭，又名花墩。清光绪六年（1880 年）重修，在旧址上建镜芙轩，称之为落霞旧址，后改名百花洲。在落霞榭可尽览湖光山色。

点翠洲在平湖中。北宋洲上建有孤屿亭，明代建有点翠洲亭，即风亭，风景似杭州西湖"三潭印月"。1913 年在此洲上建留丹亭，以纪念辛亥革命马鞍之役所牺牲烈士，现辟为文物陈列馆。

惠州西湖历史悠久，始建于五代，宋代已有"五湖六桥八景之说"，明清时得到更全面发展，与杭州西湖齐誉海内外。人文景观丰富，以苏东坡为代表的历代 400 多位文人墨客在此留下了大量的诗词碑刻和文物古迹。孙中山、廖仲恺、周恩来等一批革命志士曾在这里领导了著名的东征战役，为惠州西湖增添了更加光辉灿烂的历史文化内涵。

北宋绍圣元年（1094 年）苏东坡携妾王朝云、子苏过，谪居惠州三年，留下朝云墓、六如亭以及苏轼助款修筑的苏堤、西新桥、东新桥等遗迹；还有苏轼手迹与宋、明、清名人题咏的摩崖石刻。

朝云墓在西湖孤山。朝云随苏东坡谪居惠州，葬于此。墓由僧人筑亭覆盖。清代道光名士林兆龙曾为之写联："不增、不减、不生、不灭、不垢、不净，如梦、如幻、如泡、如影、如露、如电。"故此亭称为六如亭。墓旁碑廊有苏东坡九方遗墨。

泗洲塔始建于唐代，为纪念泗洲大圣僧伽而筑，又名大圣塔，因苏东坡"玉塔卧微澜"的诗句而有"玉塔微澜"一景。塔为砖木结构，外面7层，内分13层。现存为明代重建。光绪初年，雷破塔顶一角，长了一株榕树。登临塔顶，可眺惠州全景。

飞鹅岭在南湖北部，山势如鹅张翼。有仙人乘木鹅至此而成岭的传说，惠州也因此有鹅城之称。孙中山、周恩来先后于1923年、1925年登临岭上指挥作战，现尚有战壕与机枪掩体等遗迹。

罗浮山

　　罗浮山是国家重点风景名胜区,我国道教十大名山之一。史学家司马迁把罗浮山比作"粤岳",素有"岭南第一山"之称。它位于广东中部的东江之滨,在广东省惠州市博罗县境内,总面积260多平方千米,景区大小山峰432座,飞瀑名泉980多处,洞天奇景18处,石室幽岩72个。罗浮山山势雄伟挺拔,风光清静幽的,气候宜人,冬暖夏凉,是著名的避暑胜地。罗浮山又有神仙洞府的美誉,道教称它为第七洞天,第三十四福地。罗浮山与广东省佛山市南海区境内的西樵山为姐妹山,故又名东樵山。

　　罗浮山主峰飞云顶海拔1296米,峰顶盘圆平坦,花草并茂,云雾缭绕,日出景观壮丽。奇峰怪石林立,400多个峰峦形状各异,千姿百态,像玉女,像罗汉,像狮子,像骆驼,真是"满山皆奇石""峰峰有灵境"。飞瀑名泉众多,罗浮山"满山皆甘泉""无泉不成瀑",其中最著名的有白水滴、黄龙洞、白水门、流杯池等,瀑布泉水丰富,终年不竭,入口清凉甘甜。冲虚古观内的"长生井"泉水,宝积寺背后的"卓锡泉"及酥醪观旁"酿泉"为罗浮山三大名泉。冲虚观内的"长生井"泉水为"含锌的优质天然矿泉水"。洞天奇景遍布,全山有大洞天18个,小洞天几百个,洞天是"洞中别有天地"之意。洞景最佳的有朱明、华首、白鹤、黄龙、酥醪等洞。

　　罗浮山山水绮丽,风光优美,古迹繁多。山上寺观遍立,强盛时期就曾有"九观十八寺二十二庵"之传。较为出名的五观五寺是:冲虚观、酥醪观、白鹤观、九天观、黄龙观;华首寺、宝积寺、延祥寺、明月寺、拨去寺。除冲虚观、延祥寺保存较为完整外,其余寺观已湮没,仅留遗址。罗浮山不仅是道家修炼的神仙洞府、佛家的胜地,也是群贤聚集之所。自古以来,文人墨客、英雄豪杰神游造访者络绎不绝,太史公司马迁、诗仙李白、诗圣杜甫和韩愈、苏轼、杨万里、刘禹锡、朱熹、屈大均、汤显祖等都有咏罗浮山的名篇佳作和题刻。

罗浮山地理位置特殊，气候温暖，雨量充沛，适宜多科植物生长。尤其在峰峦峪地、洞溪山涧，生长着1200多种药用植物和四时佳果，有天然中草药库之说。粤东四市之一的药市就设在罗浮山冲虚古观的左侧，称洞天药市。主要特产有：罗浮山百草油、云雾甜茶、酥醪菜干、岭南佳果和矿泉水等。

冲虚古观 建于晋代，至今已有1600多年的历史，是全国知名道教圣地，十大洞天之第七洞天。冲虚观有三奇：主殿三清殿周围大树环绕，屋顶却无落叶；观内无蜘蛛网；长生井井水能治病，昔日名曰"神仙水"，斗米才能换斗水，三奇至今仍难解其谜。后殿三清宝殿，供奉道教尊神玉清、上清、太清，殿内金碧辉煌，观宇屋顶双龙戏珠，屋檐雕梁画栋。

会仙桥 桥全长6米，宽2.9米，高3米，桥面为弯石条砌成，柱头均雕作细劲支承四方体，栏板高52厘米，桥板正中有"会仙桥"三字，为台湾爱国诗人丘逢甲于清宣统三年所书。相传来源于宋学士苏东坡被贬惠州后巧遇八仙中的何仙姑、铁拐李的故事。

黄龙观位于罗浮山西麓玉女峰下，是罗浮山著名的十八洞天之一。黄龙观是罗浮山道教圣地，终年香火鼎盛，游客不绝。站在"黄龙观口"石碑前仰望黄龙洞，但见青嶂如黛，玉女峰下有一翠球，状如龙珠，翠球两侧有一条白纱随风飘动。翠球就是黄龙洞胜境，纱带就是黄龙瀑布。

朱明洞、元帅楼 朱明洞，道教列为第七洞天。秦朝时安期生曾在此寻找长生不老药；汉朝朱真人在此建朱子庵设朝斗坛，修炼太清神丹；东晋葛洪在此炼成九转金丹成道；宋朝时，有人在朝斗坛挖得铜龙六条、铜鱼六条，置观内作为镇山之宝；明朝增城人湛若水在此建精舍讲理学。新中国成立后，部队曾在此建起元帅楼，先后有林彪、叶剑英等七位元帅曾在此疗养。

华首寺 是罗浮山第一禅林寺庙，罗浮山佛道并存，和睦相处。兴盛时有九观十八寺，十八寺中以华首寺为第一禅林，建于唐开元二十六年（738年），距今1270余年。相传有500华首真人会集于此而得名。冲虚观、黄龙观、华首寺连成一线，作为道佛信徒、香客朝拜地，成为核心景区。

洗药池 是由青砖砌成，面积约15平方米，是葛洪和妻子鲍姑平时洗制采集到的中草药的地方，池旁有一苍劲巨石，呈椭圆形，宽4米，高3米，这是古钓鱼台，临池的巨石上有清末台湾爱国诗人丘逢甲的题咏："仙人洗药池，时

闻药香发，洗药仙人去不返，古池冷浸梅花月。"葛洪自幼博览医学古籍，著有《时后备急方》二卷和《仙药篇》，书中详细介绍了各种中草药的知识。

九天观　原名明福观，距朱明洞冲虚观2千米，南汉时期建，距今有700余年历史。宋时由苏东坡书写观名（已佚）。明《一统志》载：其内有西华道院，乃张远庵退居之所，观在宋、元、明各代俱存。明末，邝露读书观中，自号明福洞主。清初观渐衰，西华道院亦废。乾隆年间重修建，名九天观。民国时期重修，建筑面积约1000平方米。正殿为金阙宝殿，下殿为王灵宫殿，左殿为吕祖殿、地母殿，右为客堂。观前有放生池，池旁有7棵水梦松。旧志称："基奇古，殆千百年物。"

蝴蝶洞　全长300多米，每年夏秋季节，罗浮山蝴蝶漫山飞舞，以此洞为多，因此而得名蝴蝶洞，洞从山腰处穿插而过，当游客出来时，豁然开朗时已是身在另一天地。

飞来石　相传冲虚观有位道士值更打坐，忽风雨大作，雷电交加，有霹雳巨响，次日见此挺立一巨石，不知从何飞来。数旬后，自桂林来游僧说一夜风雨，雷神击穿山峰成穿山，而巨石不知去向，因两者时日相近，便认此石是从桂林穿山飞来的，故称飞来石。

登山索道　全长1800米，往返3600米；高差500米；海拔高820米，运行速度每秒钟为1.25米；单程运行时间为21分钟。该索道循环式双人吊椅178个，每小时可乘游客500人，是岭南最长的一条索道。

东江纵队纪念馆　1938年10月21日，日军从大亚湾登陆向内地推进，中国共产党在广东的党组织，勇敢地挑起了领导人民群众开展抗日斗争的重担，保卫国土，抗击敌人。1943年12月2日，根据指示，广东人民抗日游击东江纵队（简称东江纵队）正式成立，东江地区人民的抗日武装发展进入一个新的阶段。在抗战的艰苦岁月里，东江纵队远离党中央，孤悬敌后，处于敌伪军和国民党顽固派包围、夹击下，坚持抗日，逐步发展成为一支拥有11 000多人的人民抗日武装，活动遍及东江、北江以及港九等广大地区，建立了450万以上人口的抗日根据地和游击区。东江纵队纪念馆于2002年12月1日正式开馆。

桂林漓江

　　桂林漓江风景名胜区是国家重点风景名胜区，位于广西壮族自治区东北部。景区以桂林市为中心，漓江为轴线，北至兴安，南到阳朔，东及灵川，西达龙胜，面积2064平方千米，分为龙胜、临桂、兴安、灵川、桂林、漓江、阳朔7个景区。

　　桂林漓江风景名胜区始于南朝，兴于唐代，盛于明清。桂林的无穷魅力，源于其拥有世界最典型的岩溶峰林地貌构成的奇特自然风光与悠久丰富的人文胜迹。素以"山青、水秀、洞奇、石美"称绝于世。

　　龙胜景区　该区以田园风光、温泉瀑布和珍稀植物为特点。在和平乡的龙村一带，层层梯田沿山坡筑就，田随山转，水顺田流，山有多高，水有多高。瀑布如天悬白练，落差达50多米，水流从一座酷似雄鹰展翅的石崖上飞泻，穿岩击石，银花四溅，亿万雾珠化成道道彩虹，艳丽夺目，美不胜收。矮岭温泉以优良的水质及周围茂密的森林而成为度假、旅游、疗养胜地。花坪自然保护区则是科学考察、探险旅游的好去处，共有动物115种，植物1300多种，竹有20多种，杜鹃花达30余种，其中以被称为"活化石"的银杉最为珍贵，被称为植物王国，动物乐园，竹的世界，花的海洋。

　　临桂景区　该区因风景名胜与人文荟萃而著名。境内地形复杂，山区、丘陵、平原、岩溶地貌兼而有之。自然景观有水仙岩、化岩、红滩瀑布和九华瀑布；文物古迹有古桂柳运河、陈氏宗祠、李宗仁故居等。临桂人杰地灵，人才荟萃，在清代的三朝科举中，临桂连出两位状元，8位进士，史称"三科两状元，一县八进士"。

　　筑于唐代的古桂柳运河，又名南陡河，上接漓江，达湖南、广东，下通柳江，达桂西以北以及云、贵，成为沟通西南各省的动脉，对唐代及历代边疆开发、经济发展、民族团结均有重要作用。有"北有灵渠，南有陡河"之誉。

兴安景区 该景区以历史遗址和山岳景观见长。

灵渠建于公元前214年，和都江堰、郑国渠并列为秦代三大水利工程，是我国也是世界最古老的运河之一。灵渠的凿通，使海洋河三七分流，从而沟通了珠江与长江水系，保证了秦军的南粮北运和物质供应，完成了统一祖国的大业。迄今，该工程不仅完整地保存，而且仍灌溉着4万余亩农田，其建造技术堪称世上一绝。

猫儿山号称华南第一峰，海拔2141.5米，雄踞五岭之巅，是漓江、资江和浔江的发源地，山峦挺拔，河谷幽深，地势峭峻，风光绮丽，具有亚热带高海拔山地原始森林和独特的动植物群。动物有11种，植物有800余种，其中银杉是冰川时期幸存的活化石，享有植物界大熊猫之誉，在海拔1700米以上成片生长良好。高山森林蔚为大观，林海日出气势磅礴，云雾奇观勾人心魄，森林旅游别具一格。

灵川景区 该区以湖泊风光、银杏景观和流泉飞瀑为特色。青狮潭纳东江、西江、公平江三江于一体，水面比颐和园的昆明湖大16倍，蓄水量为昆明湖的160倍，有气吞云梦之感。银杏在欧洲大陆早已绝迹，被誉为植物活化石，在灵川却有大量分布。海洋山的银杏林，春时翠绿，秋则金黄，漫山遍野，雅致壮观。古东瀑布群位于漓江两岸，飞瀑高悬，流珠溅玉，大小10余处，景色各不同。

桂林景区 桂林不仅有举世闻名的风景胜地，而且还是一座历史悠久的文化古城。远在三万多年前，人类就在这里创造远古文明。早在汉武帝元鼎六年（公元前111年），就在这里设置安郡，历史上先后是始安郡、桂州、靖江府、桂林府、广南西路、广西布政使和广西壮族自治区的首府所在地，曾是广西政治、经济、文化的中心和军事重镇，1940年始设桂林市。

"江作青罗带，山如碧玉簪"是桂林山水的真实写照；"千峰环野立，一水抱城流"是桂林的城市格局。桂林的山，多从平地拔起，巍然矗立，形态万千。

叠彩山峰壑险峻奇峭，四季林木葱郁，山石层层横断，半插江湖，孤峰如出深潭，拔地擎天，仙姿神态，了无半点尘俗气，被誉为桂林山水的缩影；而以神奇著称的当属象山，其形神酷似一头巨象伸长鼻子吸饮江水。象鼻与象腿之间有溜圆的大洞，构成临水皓月，形成象山水月奇景。象山是桂林山水的代表，桂林城徽由其与漓水、桂花组成。

桂林的山，不仅形象奇峭，而且山山有洞，洞洞奇特。洞内遍布各种形态的钟乳石，玲珑剔透，五彩缤纷，无数的奇峰异岩，与环城的碧流交相辉映，形成了山环水抱的绮丽景色。市中心有独秀峰、老人山、王城、榕杉湖；城北有叠彩山、伏波山；城西有隐山、西山和桃花江；西北面被誉为"大自然艺术宫殿"，有游人必至的芦笛岩；城东有七星岩、穿山、龙隐洞；城南有以南溪山为中心的南溪公园。

桂林不仅风景秀丽，而且历史文物很多，仅石刻就有两千多件。石刻内容丰富，有反映政治、历史的，有赞美桂林山水、题名纪游的，其中有许多是全国仅存的艺术珍品，具有很高的史料价值。在遍布全城的风景点中，普陀山、月牙山、叠彩山的石刻最为有名。尤其是龙隐岩，洞内摩崖遍布，故有"桂海碑林"之称。加上历朝骚人墨客，巨子名流留下的鸿爪雁影，汇成浩如烟海的山水文化，让人"看山如观画，游山如读史"。

漓江景区 漓江是举世闻名的黄金水道，是中国锦绣河山的一颗明珠，是桂林山水的精华，是自然景观的代表。

漓江发源于兴安县境的猫儿山，流经兴安、灵川、桂林、阳朔等市县，在平乐汇恭城河入桂江，全长214千米，从桂林至阳朔86千米的水程，是世界峰林谷地的典型。沿江青峰夹岸，碧水萦回，流泉飞瀑，烟雨光影，构成"百里漓江，百里画廊"的绚丽彩卷。这百里彩卷，依据景色的不同，大致可分为三个景区：

第一景区，桂林至古镇大圩，该处河谷开阔，水流平缓，伏波、净瓶、斗鸡、南溪皆拔地而起，奇峰罗列，气势万千，城镇、农村、田原错落分布，是观赏远山近水与人文民风的佳处。

第二景区，大圩至水落村，河流依山而转形成峡谷，两岸青峰连绵不断，飞泉溅玉，清流如带，奇峰簪立，削壁如画，是漓江风光的精彩华章。著名景点杨堤翠竹、浪石奇观、黄布倒影、九马画山、兴坪佳胜均分布在这一带。

第三景区，水落村至阳朔，两岸土岭青葱，绿草如茵，翠竹、茂林、田野、山花、渔村，构成"碧莲峰里住人家"的桃源意境，给画卷添上了幽美的田园色彩。

漓江的水，以清驰名于世，游鱼历历可数，卵石斑纹毕现，"分明看见青山顶，船在青山顶上行"构成漓江一大奇观。

桂林山处处奇绝，时时入画，其中又以"漓江烟雨"最为迷人。雨后初晴，云绕千峰，白雾锁江，淡者如轻烟氤氲，浓者似白絮翻滚。群峰亭阁于烟云中沉浮隐显，绿树田庄在雾霭中若隐若现，缥缥缈缈，朦朦胧胧，似真亦幻。加上四季景致，晨昏变化，桂林漓江素为中国丹青的亘古画题。

阳朔景区 阳朔岩溶地貌秀丽奇特，自然旅游资源十分丰富，挺拔峥嵘的奇峰达两万多座，蜿蜒于万山丛中的河流有17条，境内峰峦耸秀，怪石嶙峋，江流如带，稻田阡陌，庭院楼阁掩映错落，石板幽径静谧清洁，山川景色与田园风光交相辉映，形成了"山秀、水媚、峰巧、景奇"的碧莲玉簪世界，是桂林山水不可分割的重要组成部分，清人吴迈写诗赞道："桂林山水甲天下，阳朔堪称甲桂林，群峰倒影山浮水，无山无水不入神。"

阳朔可分为县城、磊榕树、兴坪、福利、杨堤、遇龙河、桂阳公路沿线7个景区，其中碧莲峰、月亮山、莲花岩、晋代大榕树为世界闻名的自然美景。

除此以外，在桂林漓江风景名胜区外围尚有以丹霞风光、宝鼎瀑布、资江漂流为特征的资江—八角寨景区；以湘山寺、历江古樟、炎井温泉、高峡平湖为特色的全州景区；以百寿岩刻、永宁州城、湖光山色为主的永福景区；以丰鱼奇岩、鹅翎寺观为代表的荔浦景区；以文庙武庙、龙虎酒泉见长的恭城景区。

花　山

花山风景名胜区是国家重点风景名胜区，位于广西壮族自治区宁明、龙州、崇左、大新、凭祥五县市，面积约3000平方千米，是以岩溶地貌为基础，热带景观为特色，左江为纽带，古代岩画、大型瀑布、峰峦丛林、生物资源、田园风情相融合的国家重点风景名胜区。

左江和右江是广西的两条主要河流，"左江湾多，右江滩多"。在左江泛舟而下，时常看到江水尽头一座高耸的悬崖峭壁挡住去路，待到跟前，水流突然来一个90度甚至180度的急转弯，呈"S"形或"U"形走势。令人叹奇。登高鸟瞰，左江在群山峰林之间回旋环绕，如绿绸飘舞；几缕炊烟，袅袅升腾；孩童牧牛，漫步田园，宛若桃源世界。

花山　又称画山，因悬崖峭壁上有岩画而得名。据文物工作者考证，始作于2000多年前的春秋时期，历代有增补。花山岩画作于上覆下收、陡立外倾的岩壁上。绝壁高250米、宽230米，岩画长221米、高40米，覆盖面9240平方米，计1800多个图像。古代文献中对此有记载，宋代李石《续博物志》记："二广深溪石壁上有鬼影，如淡墨画。船人行，以为其祖考，祭之不敢慢。"岩画图像高0.3~3米不等，一般在0.6~1.5米。图像多为男子，也有女子。甚至有身怀六甲之妇，还有像狗一样的动物以及壮族特有的铜鼓等。作者以剪影的绘画手法，描绘人们两手上举、两腿下蹲，似蛙跳状。有的男子腰佩环柄大刀，可能是首领人物。妇女身姿婀娜，发型各异，手舞足蹈，动感极强。画面粗犷有力，线条简洁大方，以精练的笔墨反映了丰富的内涵，世所罕见。壮族先民因何要冒着攀登悬崖峭壁之危险，耗费巨大人力物力去创作岩画呢？现在还是未解之谜。有的说是欢庆丰收，有的说是庆祝胜利，有的说是宗教祭祀，有的说是祖先崇拜，也有的说是兼而有之，正是这千古之谜吸引着人们去研究探索。

德天大瀑布　位于大新县硕龙乡沁天村炮台山脚下与越南接壤的归春河上。归春河发源于云南，流经越南，在这里又回到广西。大瀑布分为三级，总高度49米，弧形平面宽209米，纵深达60米，年平均流量为每秒62立方米。瀑布高度一般，但瀑布极宽，纵深可观，流量大，层次丰富，气魄宏伟，足以与我国各大名瀑相提并论。有人为瀑布气势所感，作诗咏之："奇峰万千似画图，幽谷深处藏飞瀑。气势如虹撼尔心，白浪激天荡尘浊。"硝烟散去，边境安宁，德天大瀑布亦将抖擞精神，向人们展示其雄雄英姿。

小石林　在崇左县，虽规模比不上云南石林，但小巧玲珑，另有一番情趣。徐霞客曾游历此景。小石林约3平方千米，石峰高10米，皆平地拔起。峰丛间有开阔的草地，蜿蜒于峰林间的小径，人仅能侧身而过。穿过低矮的山洞，不得不躬身而行。峰巧、石奇、山秀、洞幽、径曲、水清，这就是小石林的特点。

归龙塔　崇左县的另一奇观。归龙塔始建于明朝天启元年（1621年），初为3层，清康熙三十五年（1696年）加建两层，成为5层八面形砖塔，直径5米，高18米。归龙塔选址大胆。左江江水在该处有一90°急转弯，江心挺立一块巨石，名鳌头峰。秋冬水位低落时，石峰高出水面两丈；春夏江水高涨时，鳌头峰没于洪流之中。归龙塔就建在鳌头峰上。归龙塔奇就奇在它是一座斜塔，而且是一座人工建造中有意倾斜的斜塔。而不像意大利比萨斜塔那样因地基沉陷所致，也不像有的斜塔是因地震造成结构破坏而使塔身倾斜。塔身西面为迎水面，底层西面砌砖43块，东面砌砖45块，相差两块砖，故而塔身斜向西面，即上游方向。水平偏位1.42米。归龙塔倾而不倒，斜而不危，结构稳固，抗洪冲击力强，历经380多个春秋仍巍然屹立，充分体现了我国古代劳动人民的才智，令人赞叹。

友谊关　原名镇南关，在凭祥市，是人们游览花山风景名胜区时必游的景点。友谊关地势险要，关右金鸡山上有镇中、镇南、镇北三座炮台，关左有伏波山炮台，关后有白云山炮台、青山炮台、凤尾山炮台。众炮台连环对峙，紧锁关口，守卫着南国咽喉之道。清光绪十一年间（1885年），中国军民同仇敌忾，在此浴血奋战，歼灭法军千余人，法军统帅尼格黑受重伤毙命，法政府内阁因此倒台，这就是著名的镇南关大捷。

花山风景名胜区的岩溶景观极为丰富，有峰林谷地、岩溶盆地、岩溶平原、峰丛洼地、岩溶丘陵等；有岩溶河岸、溶丘、石林与孤峰；有岩溶花石、河湖礁溶石、石芽等；当然，还有各种岩溶洞穴。

三亚海滨

　　三亚海滨风景名胜区是国家重点风景名胜区，位于海南省三亚市，面积212平方千米。由天涯海角、大小洞天、落笔洞、海棠湾、亚龙湾、榆林湾等景区组成。独具特色的热带景观和曲折多变的海岸线构成了典型的热带海滨风光。海滩浴场分布广、规模大、沙细潮平、海水清澈、风景绮丽。

　　天涯海角　位于三亚市以西约20千米的天涯镇。这里南临大海，北倚青山。海上帆影点点，岸边椰林雪浪，如诗如画，景色迷人。那刻有"天涯""海角""南天一柱"的巨石，雄峙海滩之上，甚为壮观。天涯海角不是地理位置的写照，却是历史悲剧的真实记录。古时候，这里交通闭塞，人迹罕至，与世隔绝，既是险关要隘，又为封建王朝流放"叛民""逆臣"之地。因被流放之人绝少生还，到了这里便生"世界之尽头"的感叹，故此得名。天涯海角游览区建有观海亭、海滨浴场及近1000米的海滨大道。

　　鹿回头　是该风景区内的一座天然公园。位于三亚市南5千米，岭高275米。在这礁石遍布的海滩上，有一座山岭拔地而起，山形貌似一只金鹿，这就是黎族民间传说的鹿回头。相传古时，五指山上有一位黎族青年猎手，持弓搭箭追杀一只金鹿，到海边时，金鹿无路可走，面临万顷碧波，猛一回首，化为一位美丽的黎族姑娘，两人结下百年之好，现在已成为游人必登之处。登上山巅，日观群山大海，夜赏万家灯火。

　　大小洞天　怪石嶙峋，岩洞幽深曲折，海岸花岗岩体海蚀地貌，景观奇特，过去不大为人所知，现已建设好游览步道，游人日增，别有一番情趣。岸边山腰塑有鉴真和尚东渡群雕，气势不凡。

　　落笔洞　是一石灰岩溶洞，洞口高阔有3米多。洞内顶部石壁，一石悬垂如笔头，笔尖终年滴水不断，地上一平面石块，承接笔端滴水，状如端砚，有仙洞神笔之称，故得此名。

大东海　在鹿回头公园的南边，一个半月形海湾，海水清澈见底，海沙洁白如银，是优良的海滨浴场。这里风光秀丽，气候宜人，岸边遍布茂密翠绿的热带植物，同蔚蓝的大海相映生辉。

亚龙湾　也叫"牙龙湾"，在三亚市东郊 20 多千米处的海坡村附近。这里是我国南方最大、条件最优越、风景最美的热带海滨，拥有阳光、海水、沙滩、山岭四大优势，被建成国际性避寒、冬泳、度假、疗养、观光旅游中心。

亚龙湾依山面海，坐北朝南，呈东西向，海湾口宽约 8 千米，湾内共有大小 5 个岛屿，海湾凹深约 6 千米，湾内海面面积约 50 平方千米，海水清澈见底，沙滩洁白细软，一般宽度可达 50 米左右。湾内海岸线总长约 20 千米，被礁石分隔成几段，其沙滩最长的一处岸段达 7 千米左右，呈东西向延伸。亚龙湾每年有 300 天以上的日照，全年平均温度在 22℃ 以上，湾内波平浪静，海水清澈见底，海底平坦，无石头矿物质。湾内深处海底珊瑚礁、热带鱼、贝类等构成极富梦幻色彩的水底世界。

东山岭

东山岭风景名胜区是省级风景名胜区，位于海南省万宁市，方圆10千米。东山岭位于万宁城东3千米处，海拔184米，三峰耸翠，形如笔架，又名笔架山。岭上风景雄奇，怪石嶙峋，雄峙南天，奇岩异洞，濒临碧海，有大小胜景百余处，被誉为"海南第一山"，引来无数文人墨客，留下遍山墨迹，石刻如林。人文天景，相映成趣，佛寺尼庵，对峙相彰。历代香烟缭绕，游人如织，素有"仙山佛国"之称。

东山岭林木茂盛，泉水淙淙，四季花香，尤以天然石景取胜。整座东山岭就像一块大石头，南北舒展。岭上近百处石景，处处神奇，石石灵动，洞洞莫测，各有神奇的由来故事。就连东山岭宾馆的花坛、花径，也是用质地坚实、颜色灰白的天然花岗岩蛋形石围砌，别具一格。

岭上有一奇石，好像"南天一柱"，但比"天涯海角"的"南天一柱"还要高大、雄伟、苍劲。山后一块直径两三米的石头，人站在其上，石头会微微摇动，人们就叫它"摇头石"。岭上"一线天"胜景之处，有一块凌空虚设、摇摇欲坠的巨大顽石，高10多米，有上百吨重，这就是电视连续剧《红楼梦》片头中出现的"飞来石"。

东山岭的山体是由花岗岩组成。它在地壳运动向上抬升中，使花岗岩产生许多裂隙，经长期风吹雨洗、海浪拍击破坏，形成各种形状的石块。东山岭胜景，就是由这些奇形异状的石块崩塌堆叠、悬架而成的。著名的"东山八景"是"七峡巢云""仙舟系缆""蓬莱香窟""海眼流丹""瑶台望海""冠盖飞霞"以及"碧海环龙"。

唐宋以来，东山岭留下颇多名胜古迹，有潮音寺、净土寺、真武殿、望海亭、偕乐亭、文宗堂、乡贤祠等。现存的人文景观中最著名的是李纲祠。

阿里山

阿里山国家森林游乐区位于嘉义市东 75 千米，地地海拔 2000 米以上，和玉山山脉相玉山国家公园相邻，四周高山环列，气候凉爽，平均气温为 10.6℃，夏季平均 14.3℃，冬季平均气温 6.4℃。阿里山国家森林游乐区西靠嘉南平原，北界云林、南投县，南接高雄、台南县，阿里山国家森林游乐区全部属于国有林班地，总计面积高达 1400 公顷。

阿里山区的林相丰富，从亚热带的阔叶林到寒带的针叶林都有。800 米以下丘陵为热带林相，主要由相思树、构树构成。

樟树、枫树、楠树和壳斗科植为为主的暖带林林相。1800～3000 米左右的林相为温带林，红桧、台湾扁柏、台湾杉、铁杉及华山松称为阿里山五木在此大量生长，阿里山的千年桧木群是目前台湾最密集的巨木群。3000～3500 米主要是台湾冷杉，呈现寒带林的林相。

多样的林相造就了多种动物栖息的生态，在鸟类方面，有栗背林鸲、酒红

朱雀、鳞胸鹪鹛等中高海拔鸟群。还有台湾猕猴、赤腹松鼠、山羌、山猪等动物。阿里山曾是台湾重要的林场，如今则是驰名中外的森林游乐区；此地地势高亢，空气清爽宜人，夏季气温较平地低，故素以避暑胜地闻名。

1899 年 2 月，嘉义办务署石田常平氏依山胞传闻，查访发现阿里山桧木原始森林。

1963 年，为保护天然资源，林务局将阿里山和玉山一带 39 600 余公顷的"国有"林地，编为"阿里山森林游乐区"并拟定计画逐年编列预算整建及维护。

1975 年，台湾省政府将"阿里山风景特定区"更名为"阿里山森林游乐区。

1995 年台湾省政府核定"阿里山森林游乐区计划"，面积 1400 公顷，由林务局嘉义林区管理处负责经营、管理、服务工作。

1999 年林务局改隶"农委会"，成为"中央机关"，仍负责阿里山森林游乐区之经营管理、规划建设及游客服务工作，但名称改为"阿里山国家森林游乐区"。

2001 年 7 月阿里山国家森林游乐区纳入阿里山"国家"风景特定区。

台湾日月潭

　　传说中曹族有一对非常恩爱勤劳的夫妻，叫做大尖哥和水社姐，这对人人称羡的夫妻平日以种植玉米为生。这天，他们如同往日顶着大太阳在田里劳作，忽然间，地动山摇，紧接着天地一片黑暗。所有的人都叫了起来："怎么了，太阳怎么不见了?"大家等了又等，仍不见太阳的踪影，人们的心慢慢地笼罩在恐惧的气氛中。

　　直到晚上月亮出来后，人们才趁着月色，赶紧完成白天未完成的工作，然而，不幸的事再次发生了，一阵天摇地动后，月亮也不见了。

　　大尖哥和他妻子背着简单的食物，拿着火把，翻山越岭寻找太阳和月亮。经过一连数天的长途跋涉后，终于在一个大水潭发现了月亮和太阳，可是走近一看，竟然是两条五彩巨龙正在水中把玩着月亮及太阳。大尖哥和水社姐愣住了，不知如何制服这两条巨龙以夺回太阳及月亮。

正在发愁时，一位被巨龙抓来做杂事的老爷爷告诉了他们一个方法，那就是在阿里山上藏有金剪刀和金斧头各一把，唯有找出这两件宝物才能制服巨龙，可是要找出宝物却不是件容易事。

夫妻俩带着铲子奋不顾身地直奔阿里山，一寸一寸地朝地底下挖去，终于找到了两件宝物。夫妻俩带宝物回到潭边。将宝物朝水潭中丢去，只见金剪刀以极快的速度冲向巨龙的腹部，致使巨龙肚破肠流，发出痛苦的哀嚎声。紧接着，金斧头也疯狂地朝巨龙的头上一劈，霎时，巨龙脑浆四溅、血流如注，两条巨龙惨死在潭中。

正当夫妻俩苦想着要如何将太阳及月亮送回天上时，老爷爷再次出现了，除了恭喜他们除掉大害，并告诉他们只要将巨龙的眼睛吃下，便可增长身高，把月亮、太阳放回天上去。于是大尖哥立即跳入潭中挖下巨龙的双眼，夫妻俩各服一颗眼睛，瞬间，两人成了巨人，便将月亮和太阳往上抛去，经过好几次抛掷后，终于让太阳及月亮又回到天空，而大地也恢复了正常。

从此，太阳和月亮曾掉落下的水潭便被称为"日月潭"。而守护在旁的大尖山和水社山就是他们夫妻的化身。直至今日，曹族每年都会在潭边举行"托球舞"，以感念他们的义行。